Gerhard Liedtke
Abbestraße bis Zwetschenweg
Straßennamen in Paderborn

Gerhard Liedtke

Abbestraße bis Zwetschenweg
Straßennamen in Paderborn

Heimat- und Verkehrsverein Elsen e.V.
Heimatverein Schloß Neuhaus 1909 e.V.

Die Deutsche Bibliothek – CIP-Einheitsaufnahme

Liedtke, Gerhard:
Abbestraße bis Zwetschenweg: Straßennamen in Paderborn /
Gerhard Liedtke. Heimat- und Verkehrsverein Elsen e.V.;
Heimatverein Schloß Neuhaus 1909 e.V.
– Paderborn: H-und-S-Verl., 1999
ISBN 3-929507-08-0

Gedruckt mit freundlicher Unterstützung durch:

Sparkasse Paderborn

STADTWERKE
PADERBORN
GMBH

Landschaftsverband
Westfalen-Lippe

Herausgeber:	Heimat- und Verkehrsverein Elsen e.V. Heimatverein Schloß Neuhaus 1909 e.V.
Kartografie und Themenkarte:	Reco-Verlag, Dreieich
Herstellung:	H & S Verlag, Engernweg 21, 33100 Paderborn

Inhalt

Einführung

Sinn und Zweck von Straßennamen liegen auf der Hand. Sie dienen unserer Orientierung im besiedelten Raum. Was jedoch nicht immer auf der Hand liegt, ist ihre Bedeutung. Warum heißt ausgerechnet die nördlichste Straße des Paderborner Stadtgebietes Südstraße? Wieso trägt eine im Westen der Stadt liegende baumlose Straße den Namen Ostallee? Weist der Tegelweg auf besondere Beziehungen Paderborns zu einem Berliner Stadtbezirk hin? Was muß man sich unter einer Pfannkuchenschmiede vorstellen? Wir alle haben uns wohl hin und wieder schon gefragt – angesichts eines Straßenschildes, beim Nachschlagen im Telefonbuch oder beim Lesen eines Briefabsenders –, wer oder was sich hinter diesem oder jenem Straßennamen verbergen mag. Natürlich gibt es auch zahlreiche Straßennamen, deren Bedeutung offenkundig ist, weil sie sich z. B. auf Nachbarorte, Tiere oder Pflanzen beziehen und daher, von Ausnahmen abgesehen, keiner eingehenden Erläuterung bedürfen.

Die Beschäftigung mit Straßennamen, die Klärung ihrer Bedeutung, ist ein mühsames, aber auch spannendes Unterfangen, lenkt es doch unseren Blick auf zahlreiche interessante Details der Geschichte, insbesondere der Lokal- und Regionalgeschichte.

Die ältesten Straßennamen Paderborns finden sich in der Altstadt, innerhalb des dem Verlauf der mittelalterlichen Stadtbefestigung folgenden Promenadenringes, der bis um die Mitte des 19. Jahrhunderts die städtische Siedlungsgrenze markierte. Viele der dortigen, zum Teil bis ins Mittelalter zurückzuverfolgenden Namen eröffnen, wenn auch schlaglichtartig, unmittelbare Einblikke in die Vergangenheit unserer Stadt, denn sie entstanden aus der Gewohnheit der Bevölkerung, sich an „Gegebenheiten" zu orientieren, die besonders charakteristisch für die einzelnen Straßen, Gassen und Plätze waren und sich somit für deren Bezeichnung anboten. Solche Gegebenheiten waren beispielsweise geographische, topographische oder geologische Merkmale, es waren Funktionen, Nutzungen und Bauwerke, aber auch ansässige Familien und Gewerbezweige.

Die bis ins 19. Jahrhundert geübte gewohnheitsmäßige Straßenbenennung ohne feste Regeln brachte es jedoch mit sich, daß die Namen einem von Fall zu Fall mehr oder weniger ausgeprägten schleichenden Wandlungsprozeß unterworfen waren. Sprache und Sprachgebrauch veränderten sich im Laufe der Zeit, lokaltypische Gegebenheiten wechselten und mit ihnen die Straßennamen, ältere Begriffe wurden nicht mehr verstanden und sprachlich verfälscht. Eine zweifelsfreie Deutung fällt daher manchmal schwer. Will man sich nicht auf Spekulationen einlassen, ist sie in einzelnen Fällen gar unmöglich.

Deutungsprobleme bereiten auch Straßennamen, die auf Flurnamen zurückgehen. Diese bis heute bei der Benennung neuer Straßen gern verwendeten Namen begegnen uns als Straßennamen erst seit der zweiten Hälfte des 19. Jahrhunderts, als allmählich die planmäßige Erschließung und Besiedlung zuvor landwirtschaftlich genutzter Flächen außerhalb der Stadtmauern und in diesem Zusammenhang die offizielle, amtliche Benennung neuer Straßen durch die Stadt einsetzte. Es war naheliegend, dabei auf allseits bekannte Flurnamen zurückzugreifen. Diese hatten in der Zeit vor dem Aufbau des preußischen Katasterwerkes (im Raum Paderborn um 1830) eine ähnliche Funktion wie Staßennamen in der Stadt. Sie dienten der Orientierung im unbesiedelten Raum, der Feldmark, und ermöglichten die Beschreibung der Lage einzelner Flächen. So wie die historischen Straßennamen der Altstadt entstanden auch die Flurnamen aufgrund lokaltypischer Merkmale. Auch sie waren über Jahrhunderte im Gebrauch und somit sprachlichem Wandel unterworfen. Ihre Deutung wird nicht zuletzt auch dadurch erschwert, daß es bei der im Rahmen der Urkatasteraufnahme erfolgten Eintragung in die amtlichen Katasterbücher und -karten zu macherlei Fehlinterpretationen der Namen und – daraus resultierend – zu sprachlichen Verfälschungen gekommen ist, denn die preußischen Vermessungsbeamten waren in der Regel weder ortsansässig noch ortskundig und zudem nicht mit der heimischen Mundart vertraut.

Flurnamen bezeichnen immer relativ große Flächen. In einer sich ausdehnenden und zugleich verdichtenden Bebauung mit engmaschigem Straßennetz ist der Bedarf an neuen Straßennamen größer als die Anzahl der verfügbaren Flurnamen, und so müssen ständig neue Namen gefunden werden. In der Kernstadt Paderborn begegnen uns diese gezielt ausgewählten und amtlich festgelegten

Straßennamen seit dem ausgehenden 19. Jahrhundert. Zu den historischen Straßennamen der Altstadt und den auf Flurnamen zurückgehenden Straßennamen kommen nun solche, die auf Personen, Orte und Landschaften, deutsche Volksstämme, markante Örtlichkeiten, Tiere und Pflanzen Bezug nehmen oder an bemerkenswerte Fakten, Ereignisse oder Zustände aus vergangener Zeit anknüpfen. In den heutigen Stadtteilen tritt diese Entwicklung erst sehr viel später ein.

Die Vergabe der Namen erfolgt nicht wahllos und beliebig. Ein Blick auf den Stadtplan macht insbesondere für die Kernstadt das Bemühen um die Bildung erkennbarer Namens-„Quartiere" deutlich. Zwischen 1872 und 1999 ist die Anzahl der Paderborner Straßennamen von 66 auf ca. 1200 angewachsen – 1200 Namen, hinter denen sich viel Wissenswertes aus der Vergangenheit unserer Stadt verbirgt und die erkennen lassen, wodurch sie geprägt wurde. Betrachtet man nicht nur die Namen, sondern auch die zugehörigen Benennungsjahre, offenbart sich in mancherlei Fällen der jeweilige Zeitgeist. Ebenso deutlich zu Tage treten einschneidende historisch-politische Ereignisse und deren Auswirkungen. Zwei in dieser Hinsicht besonders markante Beispiele sind die Entnazifizierung und Entmilitarisierung der Straßennamen nach dem Zweiten Weltkrieg sowie die große Umbenennungsaktion nach der kommunalen Neugliederung von 1975. Auch läßt sich mit Hilfe der Benennungsjahre anhand eines Stadtplanes sehr gut die Siedlungsentwicklung Paderborns in ihren räumlichen und zeitlichen Dimensionen verfolgen.

Der Wunsch, deutlich zu machen und festzuhalten, was sich hinter den Straßennamen Paderborns verbirgt, ist nicht neu. Schon kurz vor dem Ersten Weltkrieg gab es Pläne, die Straßennamenschilder mit erläuternden Zusätzen zu versehen – ein Vorhaben, das erst in den 1950er Jahren wieder aufgegriffen wurde und seitdem sukzessive umgesetzt wird. Erläuterungsschilder sind sinnvoll und nützlich, jedoch nicht geeignet, die Entwichlung des Straßennamenwesens unserer Stadt in seiner Gesamtheit zu veranschaulichen. Das kann nur eine Publikation leisten. Entsprechende Ansätze und Vorarbeiten hat es bereits in der Vergangenheit gegeben. So ist dem 1969 verstorbenen Handelsschullehrer Bernhard Joseph Kesselmeier eine heute im Stadtarchiv aufbewahrte umfangreiche Materialsammlung zu den Straßennamen Paderborns zu verdanken, die sich jedoch, da vor der kommunalen Neugliederung entstanden, auf die Kernstadt beschränkt. Auch in Heimatzeitschriften und der Tagespresse finden sich etliche Beiträge zu den Straßennamen Paderborns und seiner Stadtteile. Obwohl von vielen Seiten immer wieder angeregt und oft schmerzlich vermißt, kam eine Gesamtdarstellung nicht zustande.

Gerhard Liedtke, Ortsheimatpfleger der Kernstadt Paderborn, hat es nun auf sich genommen, die zahllosen verstreuten, oft nur unter Schwierigkeiten und mit großem Aufwand zu ermittelnden Informationen Stück für Stück zusammenzutragen, zu verarbeiten, zu vereinheitlichen und auf einen überschaubaren Umfang zu reduzieren. Er behandelt flächendeckend sämtliche Straßennamen Paderborns und beschränkt sich dabei nicht auf den aktuellen Bestand, sondern berücksichtigt auch frühere und fortgefallene Namen sowie Umbenennungen, ordnet sie zeitlich zu und verzahnt sie miteinander. So ist ein Buch entstanden, das nicht nur jeden unserer Straßennamen erläutert, sondern sich darüber hinaus als sehr hilfreich erweisen wird, wenn es gilt, alte Anschriften zu lokalisieren.

Das von Gerhard Liedtke bearbeitete und nun endlich vorliegende Nachschlagewerk schließt eine große Lücke. Es wird hoffentlich auf reges Interesse stoßen.

Für die Herausgeber:
Rolf-Dietrich Müller

Vorwort des Verfassers

Die Geschichte der Straßennamen für die Paderborner Kernstadt innerhalb der Stadtmauern reicht zurück bis ins Mittelalter. Viele dieser Namen haben sich, wenn auch zum Teil in abgewandelter Form, bis auf den heutigen Tag erhalten. Sie waren jedoch keine amtlich festgelegten Namen, sondern volksmundliche Bezeichnungen. War es erforderlich, einzelne Grundstücke oder Gebäude genau zu lokalisieren, etwa bei Grundstückskaufverträgen u. ä., geschah das unter Nennung der Straße und der Eigentümer der Nachbargrundstücke bzw. -häuser. Angesichts der Überschaubarkeit der Verhältnisse reichte das aus.

Mit der flächendeckenden Einführung der Pflicht-Feuerversicherung im Hochstift Paderborn im Jahre 1769 und der Anlegung sog. „Brandkataster" (Verzeichnisse der versicherten Gebäude und ihres Wertes) genügte das herkömmliche Verfahren den administrativen Bedürfnissen jedoch nicht mehr. Man benötigte ein eindeutiges Identifikationsmerkmal für jedes Gebäude und führte daher Hausnummern ein. Innerhalb jedes Ortes wurden die Gebäude fortlaufend durchnumeriert. Die Stadt Paderborn umfaßte etwa 1000 Gebäude.

Mit dem starken Anwachsen der Bevölkerung im 19. Jahrhundert – die Einwohnerschaft Paderborns stieg von etwa 5000 im Jahre 1800 auf etwa 13000 im Jahre 1875 – zunehmender Bautätigkeit und allmählicher Ausdehnung der Siedlungsfläche über den mittelalterlichen Stadtmauerring hinaus wurde das Verfahren der fortlaufenden Gebäudenumerierung aber wohl allmählich unübersichtlich und unpraktikabel. Daher teilte man im Jahre 1875 die Stadt in die vier Quartiere A-D und numerierte innerhalb der Quartiere fortlaufend. Im Jahre 1897 – die Bevölkerungszahl war mittlerweile auf etwa 22500 gestiegen – stieß aber wohl auch dieses System an seine Grenzen. Die Stadt führte nun das auch heute noch übliche Verfahren der straßenweisen Hausnumerierung ein. Das setzte natürlich voraus, daß spätestens zu diesem Zeitpunkt für jede einzelne Straße ein verbindlicher Namen amtlich festgegelegt wurde. Im „Heimatborn" 6/1932 hat Fritz Ahle über das amtliche Verfahren der Straßenbenennung in Paderborn im 19. und frühen 20. Jahrhundert berichtet. Nach Ahle, dessen Ausführungen sich aufgrund der schweren Überlieferungsverluste des Zweiten Weltkrieges nicht mehr in allen Details belegen lassen, sind die ersten offiziellen Straßenbenennungen in Paderborn 1831 erfolgt, 1870/72 brachte man Straßennamenschilder an. Im Jahre 1897, als die straßenweise Hausnumerierung eingeführt wurde, setzte die Stadtverordnetenversammlung eine spezielle Kommission ein, die von nun an über die Straßennamen entschied. Seit 1912 bedurften ihre Beschlüsse der Genehmigung durch die Stadtverordnetenversammlung. Ab 1914 lag das Vorschlagsrecht bei einer Heimatschutzkommission.

Ein schon vor dem Zweiten Weltkrieg allmählich sich einspielendes Verfahren, bei der Beschlußfassung über Straßennamen auf Vorschläge des Heimatvereins Paderborn zurückzugreifen, wurde nach Kriegsende zur Regel. Noch heute ist der Heimatverein das Organ, das der Ratsversammlung Vorschläge für neue Straßennamen in der Kernstadt unterbreitet.

Etwas anders ist die Entwicklung in Paderborns heutigen Stadtteilen verlaufen. Auf amtliche Straßennamen und eine straßenweise Hausnumerierung konnte man dort sehr viel länger verzichten. Erst in jüngerer Vergangenheit erforderten das Wachstum dieser im Umland der stark expandierenden Stadt liegenden Gemeinden bzw. deren Eingemeindung nach Paderborn einen Systemwechsel. Die Einführung amtlicher Straßennamen erfolgte in Schloß Neuhaus 1938, in Elsen 1962, in Marienloh und Sande 1969, in Neuenbeken und Wewer 1970 und schließlich in Benhausen und Dahl 1976. Das Vorschlagsrecht für Straßenbenennungen in den Stadtteilen liegt beim jeweiligen Ortsheimatpfleger.

Die vorliegende Dokumentation, die der Verfasser 1994 begonnen hat, erläutert die Namen der Straßen, Wege und Plätze in Paderborn mit Stand vom 1. Oktober 1999. Sie beschränkt sich dabei jedoch nicht auf die derzeit bestehenden Straßennamen, sondern umfaßt auch die aus unterschiedlichen Gründen, z. B. durch die kommunale Neugliederung, fortgefallenen bzw. geänderten Straßennamen. Angesichts einer Zahl von allein 1205 zur Zeit gültigen Namen mußten die Erläuterungen in möglichst knapper Form gehalten werden. Soweit lokale Bezüge vorliegen, werden diese aber in jedem Falle deutlich gemacht. Bei den zahlreichen Straßennamen, die auf historische Flurbezeichnungen zurückgehen, werden Erklärungen nur dann gegeben, wenn sie nicht spekulativ sind. In den übrigen Fällen beschränkt sich die Erläuterung auf die Aussage „Nach einem Flurnamen".

Die Dokumentation stützt sich auf eine Vielzahl unterschiedlichster Quellen: eine von Bernhard Joseph Kesselmeier († 1969) bis 1968 angelegte Materialsammlung zu den Straßennamen der Kernstadt (Stadtarchiv Paderborn, Bestand S 1/9), Protokollbände und Akten des Stadtarchivs, Akten des Straßen- und Brückenbauamtes der Stadt Paderborn, Literatur, Presseberichte, Hinweise und Aussagen der Ortsheimatpfleger und sonstiger „stiller Helfer" des Projektes. Das Gebot der Beschränkung auf das unumgänglich Notwendige ließ es nicht zu, die Quellen hier im einzelnen nachzuweisen. Die im Rahmen der Bearbeitung erwachsene umfangreiche Materialsammlung enthält jedoch Einzelnachweise der für jeden Straßennamen benutzten Quellen. Die Sammlung ist im Stadtarchiv Paderborn hinterlegt (Bestand S 1/41) und kann dort von jedermann eingesehen und benutzt werden. An alle Leser sei appelliert, neue Erkenntnisse und Informationen dem Stadtarchiv mitzuteilen.

Die Veröffentlichung wäre nicht möglich gewesen ohne die Übernahme der Herausgeberschaft durch den Heimat- und Verkehrsverein Elsen e.V. und den Heimatverein Schloß Neuhaus 1909 e.V. sowie die finanzielle Unterstützung der Sparkasse Paderborn, der Stadtwerke Paderborn GmbH und des Landschaftsverbandes Westfalen-Lippe. Ihnen sei dafür herzlich gedankt!

Der ganz persönliche Dank des Verfassers gilt dem Leiter des Stadtarchivs Paderborn , Herrn Städt. Oberarchivrat Rolf-Dietrich Müller und den nachfolgend aufgeführten Personen, die das Projekt mit Rat und Tat, zahlreichen Informationen und Hinweisen unterstützt und begleitet haben:

Alex Benteler, ehem. Ortsheimatpfleger Benhausen; Rudolf Dauber, Ortsheimatpfleger Wewer; Hubert Göllner, Bauordnungsamt der Stadt Paderborn; Gerhard Keck, Straßen- und Brückenbauamt der Stadt Paderborn; Klemens Hindermann, Jürgen Spill, H&S Verlag Paderborn; Rudolf Huckemann, Ortschronist Dahl; Josef Koch, Ortsheimatpfleger Neuenbeken; Manfred und Andrea Liedtke-Strecker; Reinhold Mertens, Ortsheimatpfleger Marienloh; Gerd Friedrich Ott, Reco-Verlag Dreieich; Michael Pavlicic, Ortsheimatpfleger Schloß Neuhaus; Wilhelm Prior, Ortsheimatpfleger Elsen; Hermann-Josef Schmalor, Erzbischöfliche Akademische Bibliothek Paderborn; Henner Schmude, Ortschronist Marienloh; Josef Segin, Ortschronist Elsen; Hermann Tölle, Ortsheimatpfleger Sande; Hans-Josef Zacharias, GKD Paderborn.

Paderborn, im November 1999

Gerhard Liedtke

Legende

Bahnhofstraße	gültiger amtlicher Straßenname
Bahnhofstraße	geänderter, bzw. fortgefallener Straßenname
1963	Zeitpunkt der amtlichen Straßenbenennung durch Stadt- bzw. Gemeinderatsbeschluß
[1919]	Zeitpunkt der amtlichen Straßenbenennung nicht zu ermitteln. Zeitangabe erschlossen aus Stadtplänen, Akten etc.
KL 9,10	Planquadratangabe zum Stadtplan

Abbestraße *Kernstadt* *N 8*

1962

Ernst Abbe, 1840-1905, Physikprofessor in Jena. Wurde 1889 Alleininhaber der Firma Carl Zeiss und übertrug diese sogleich auf die von ihm gegründete gemeinnützige Carl-Zeiss-Stiftung als Organ einer sozialen Betriebspolitik.

Abtsbrede *Kernstadt* *NO 9,10*

1897

Nach einem Flurnamen.

Ackerbrede des Abtes des Benediktinerklosters Abdinghof, bereits in einer Urkunde von 1268 als „Abedesbrede" erwähnt. Brede: Breite Kulturlandfläche.

Achsenschmiede *Sande* *AB 6*

1971

Nach der ehemaligen Achsenschmiede, heute Fahrzeugbau, der Firma Peitz.

Adelheidstraße *Kernstadt* *O 11*

1958

Adelheid: Heilige, geb. um 931, gest. 999 im Kloster Selz (Elsaß). Gemahlin von Kaiser Otto I. (936-973).

Adenauerring *Schloß Neuhaus* *G 7*

1970

Dr. Konrad Adenauer, 1876-1967, Jurist, 1917 Oberbürgermeister von Köln, 1920 Präsident des preußischen Staatsrates; 1933 von den Nationalsozialisten aus allen Ämtern entlassen. 1945 Mitbegründer der CDU, 1946 Vorsitzender der CDU in NRW, 1949 Vorsitzender der Gesamtpartei.

Erster Bundeskanzler der Bundesrepublik Deutschland 1949-1963.

Adlerweg *Schloß Neuhaus* *F 8*

1967

Adler: Greifvogel, Wappentier.

Adolf-Hitler-Platz *Schloß Neuhaus*

siehe Schloßstraße

Adolf-Hitler-Straße *Elsen*

Siehe Wewerstraße

Adolf-Hitler-Wall *Kernstadt*

Siehe Friedrichstraße

Adolf-Kolping-Straße *Kernstadt* *L 12*

1954

Adolf Kolping, 1813-1865, Schuhmacher, katholischer Priester und Sozialreformer, gründete 1846 den katholischen Gesellenverein Köln, aus dem das weltweite Kolpingwerk hervorging. Er gab den Anstoß zur Gründung der Paderborner Kolpingfamilie (1854). Das Gesellenhaus „Am Busdorf" trägt seit 1929 seinen Namen: 1991 Seligsprechung durch Papst Johannes Paul II.

Siehe auch Kolpingplatz.

Agathastraße *Kernstadt* *M 11 (C 5)*

1897

Agatha: Heilige, die um das Jahr 251 in Catania auf Sizilien den Märtyrertod starb. Schutzheilige gegen Feuergefahr.

Ahdener Weg *Kernstadt* *N 14*

1983

Ahden: Ortschaft im südlichen Teil des Kreises Paderborn, Stadt Büren.

Ahornallee *Kernstadt* *LM 7,8*

1984

Ahorn: Baumgattung.

Akeleienweg *Kernstadt* *K 11,12*

1994

Akelei: Gartenblume, Wiesenpflanze.

Albert-Schweitzer-Straße *Schloß Neuhaus* *FG 8*

1976

Albert Schweitzer, 1875-1965, evangelischer Theologe, Musiker, Philosoph. Missionsarzt in Lambarene (Gabun) 1913 bis zum Tod 1965.

1951 Friedenspreis des deutschen Buchhandels, 1952 Friedensnobelpreis.
1961-1976: *Querweg*, weil quer zwischen Husaren- und Dietrichstraße verlaufend.

Albinstraße *Kernstadt* *N 10*
[Mitte 1920er Jahre]
Albin (auch Alkuin): Angelsächsischer Mönch. Leitete seit 781 die Hofakademie Karls des Großen und war sein Freund und Berater. Er starb 804 als Abt von Tours.

Aldegreverstraße *Kernstadt* *M 9*
[Mitte 1920er Jahre]
Heinrich Aldegrever, geb. 1502 in Paderborn, gest. 1561 in Soest. Bedeutender Maler und Kupferstecher. Gedenkplakette im Rathaus (1950).

Alderichstraße *Kernstadt* *N 10,11*
1976
Alderich, Aldrich: Gest. 857, Bischof in Le Mans 832-857. Übergab 836 Bischof Badurad von Paderborn (815-862) für das neue Bistum Paderborn die Gebeine des hl. Liborius.
1951-1976: *Heinrichstraße,* Kaiser Heinrich II., der Heilige (1146), 973-1024, Deutscher König und Kaiser 1002-1024. Gründer des Bistums Bamberg und Erbauer des Bamberger Doms. Machte dem Paderborner Bistum bedeutende Schenkungen, förderte die Bautätigkeit Bischof Meinwerks.
Siehe auch Junkstraße,Kaiser-Heinrich-Straße und Kardinal-Jaeger-Straße.

Alexiusstraße *Benhausen* *J 17*
1972
Alexius: Heiliger, gest. um 417, Patron der Benhauser Kirche und ihrer Gemeinde.

Alfener Weg *Kernstadt* *N 14*
1983
Alfen: Ortschaft im südlichen Kreis Paderborn, Gemeinde Borchen.

Alfred-Delp-Straße *Elsen*

Siehe Sander Straße

Alisostraße *Elsen* *K 4*

1962

Aliso: Im Jahre 11 v. Chr. durch den römischen Feldherrn Nero Claudius Drusus bei seinem bis zur Weser geführten militärischen Vorstoß in das Innere Germaniens im Mündungsbereich der Flüsse Lippe und „Elison" angelegtes Kastell, dessen Lage bisher nicht lokalisiert werden konnte, aber lange, insbesondere während des 19. Jahrhunderts, in Elsen vermutet wurde.

Siehe auch Germanenstraße und Römerstraße.

Almeaue *Schloß Neuhaus* *KL 7,8*

1938

Alme: Fluß, entspringt am Nordrand der Briloner Hochfläche oberhalb des Dorfes Alme. Mündet in Schloß Neuhaus in die Lippe. Aue = Flußniederung.

Alme-Aue: Schreibweise im Urkataster

Alme Aue *Elsen u. Schloß Neuhaus*

siehe Paderborner Straße

Almedeich *Schloß Neuhaus* *J 7 (g 2)*

1970

Nach dem um 1950 angelegten Deich zum Schutz vor Hochwasser der Alme.

Alme: siehe Almeaue.

Almehof *Elsen* *M 7*

1995

Nach der an der Alme gelegenen Hofstätte der Familie Syring.

Alme: siehe Almeaue.

Almepark *Kernstadt* *M 8*

1983

Führt in den Industriepark Alme, Standort der Firma Siemens.

Alme: siehe Almeaue.

Elsen: Gasthaus „Burg Aliso", Von-Ketteler-Straße 66, 1913

Almepfad *Schloß Neuhaus*
siehe Almering

Almering *Schloß Neuhaus H 6,7 (fg 1)*
1987
Nach der in der Nähe fließenden Alme.
Alme: siehe Almeaue.
Östliches Teilstück 1970-1987: *Raiffeisenring*, siehe auch Raiffeisenstraße.
Südliches Teilstück 1938-1987: *Almepfad*, siehe auch Im Steinern.

Almeweg *Kernstadt N 8*
[1910]
Nach der in der Nähe fließenden Alme.
Alme: siehe Almeaue.

Alte Amtsstraße *Neuenbeken H 19*
1970
Erinnerung an das mittelalterliche Villikations- und spätere Richteramt Beken.

Alte Beke *Marienloh EF 14*
1976
Nach dem ursprünglichen Bekeverlauf (1973/74).
1969-1976: *Von-Drypt-Weg*, siehe Von-Dript-Weg und Bekeweg.

Alte Brauerei *Kernstadt N 10*
1991
Ehemals Standort der Aktien- und Vereinsbrauerei/Paderborner Brauerei. Nach Neubau in der Halberstädter Straße 1984 abgerissen.
Siehe auch Brauerstraße und Mälzerstraße.

Altenginger Weg *Elsen u. Sande H 2,5*
1962
Führt zur Altenginger Mühle. Altenging = alter Durchgangsweg.
Siehe auch Am Mühlenteich und Mühlengrund.

Altensenner Straße *Sande* *C-E 4-6*

1969

Nach der Bauerschaft Altensenne.

Bauerschaft: Ländliche Gemeinde aus zerstreuten Einzelhöfen oder Höfegruppen.

Alter Hellweg *Wewer* *QR 5,6*

1976

Der alte Hellweg gilt in Verbindung mit dem Haarweg als die älteste Verbindung zwischen dem Westen und dem Raum Paderborn. Teilstück der Landstraße 756.

1970-1976: *Hauptstraße.*

Alter Herbramer Weg *Neuenbeken* *H 19*

1970

Herbram: Ortschaft im südöstlichen Teil des Kreises Paderborn, Stadt Lichtenau.

Ursprünglich Trasse des alten Kreu(t)zweges.

Siehe auch Kreuzweg.

Alte Schanze *Elsen* *N-P 3,4*

1976

Bezeichnung in Erinnerung an den alten Exerzierplatz (1834) beim Ringelsbruch. Teilstück der Kreisstraße 28.

1969-1976: *Delbrücker Weg*, siehe ebd.

Alte Torgasse *Kernstadt* *M 10 (cd 2)*

1897

Verbindung der Königstraße mit dem alten Westerntor.

[1885]: *Schweinegasse,* durch sie trieben die Königsträßer Bauern ihre Schweine zur Hude vor dem Westerntor. Heute auch Zufahrt zur Tiefgarage Königsplatz.

Hude = Weidefläche.

Alte Waage *Schloß Neuhaus* *D 7*

1976

Nach der alten Waage (Wiegestation) der an der Straße gelegenen ehemaligen Kohlenhandlung Knoke.

1938-1976: *Friesenweg*, siehe ebd.

Paderborn: Alte Torgasse von Westen, im Hintergrund der Domturm, 1907

Am Abdinghof *Kernstadt* *M 10,11 (c 3)*

1897

Nach der Benediktinerabtei Abdinghof, Gründung Bischof Meinwerks, 1016 Baubeginn; 1803 säkularisiert; danach militärische Nutzung u. a. als Kaserne. Kirche 1866 der evangelischen Gemeinde als Pfarrkirche überwiesen. Klostergebäude nach schweren Kriegsschäden 1951 für den Neubau der Stadtverwaltung abgerissen.

[1890]: *Hinter den Mönchen.*

Teilstück vom Marienplatz (früher Kettenplatz) bis zum Knick nach Osten um [1837]: *Hinter der Kaserne.*

Am Almerfeld *Elsen* *K-N 6,7*

1962

Nach einem Flurnamen.

Alme: siehe Almeaue.

Am Atlaswerk *Kernstadt* *OP 9,10*

1949

Zufahrt zum 1927 entstandenen Portland-Zementwerk „Atlas".

Am Bahndamm *Neuenbeken*

siehe Von-Beken-Straße

Am Bahneinschnitt *Kernstadt* *M 11-13 (d 5)*

1935

Nach der tief in das Gelände eingeschnittenen Eisenbahnstrecke Paderborn-Altenbeken.

Am Bahneinschnitt *Wewer*

siehe Stembergring

Am Bahnhof *Wewer*

siehe Wasserburg

Am Behrenteich *Kernstadt* *K 11*

[1889] 1948

Nach der Gartenwirtschaft „Behrenteich", von August Behre auf einem 1832 erworbenen und mit einem Wassergraben (Teich) umgebenen Grundstück errichtet.

Am Biekenkamp *Elsen* *K 5*

1962

Nach einem Flurnamen. Bieke, Biike = Bach.

Kamp: Im mittelhochdeutschen Sprachgebrauch ein nicht zum offenen Ackerbau einer Genossenschaft gehöriges Stück Land, sondern eine Fläche, welche einem Besitzer gehörte und Acker, Weide oder Gehölz sein konnte.

Am Bischofsteich *Kernstadt* *L 10,11 (a 4)*

[1891] 1897

Ehemaliges Teichgrundstück im Eigentum des Busdorfstiftes (bis 1813), das 1830 durch den Staat aus Privatbesitz erworben und dem Bischof als „Sommeraufenthalt" zur Verfügung gestellt wurde.

Siehe auch Behrenteich.

Am Börnteich *Wewer* *PQ 5*

1970,1971

Nach einem in diesem Bereich gelegenen kleinen Teich, volksmundlich „Büerendeike" genannt. Der Teich diente dem auf der Hude weidenden Vieh als Tränke (Börne).

Hude = Weidefläche

Am Bogen *Kernstadt* *M 11 (c 4)*

[1891] 1897

Ehemals Standort eines alten, mächtigen Wohnturms mit bogenartigem Durchgang. Osttor der bewehrten Domfreiheit, Lage im Verlauf des Hellweges. 1905 abgerissen.

Am Brakenberg *Dahl*

siehe Brakenberg, Hahnenberg, Sonnenberg und Vossberg.

Am Brockhof *Sande* *G-J 2,3*

1969

Nach dem Brockhof. Teilstück der Kreisstraße 28.

1983 Verlängerung nach Norden bis Münsterstraße.

Am Bühlberg *Elsen* *J 4*

1964

Nach einem Flurnamen.

Paderborn: Am Busdorf von Osten, im Hintergrund der Domturm, vor 1914

Am Bukschlag *Neuenbeken* *H 19,20*

1970

Nach einem Flurnamen.

Alte Bezeichnung: *Beim Bukschlag*.

Am Busdorf *Kernstadt* *M 11 (c 4,5)*

1897

Nach Busdorfstift und Busdorfkirche, begründet durch Bischof Meinwerk 1036.

Am Damm *Kernstadt* *M 10 (bc 2,3)*

1897

Nach dem von Mönchen des Abdinghofklosters zur Regulierung der zahlreichen Quellbäche im westlichen Paderquellgebiet errichteten Damm.

Alte Bezeichnung: *An der Kolkpader,* Kolk: Vertiefung im Quellbach, auch *„Blauer Kolk"* genannt.

Am Dustern *Kernstadt*

siehe Im Düstern

Am Eichenbusch *Schloß Neuhaus* *EF 6,7*

1973

Nach einem Flurnamen.

Amelungstraße *Kernstadt* *N 11*

1976

Amelung: Stadtgrafengeschlecht in Paderborn während des 12. Jahrhunderts.

[1910]-1976: *Mittelstraße*, teilt das Gelände zwischen Kilianstraße-Husener Straße und Winfriedstraße-Brüderstraße mittig, daher wohl der Name.

Am Fohling *Elsen*

siehe Feldmark

Am Franzosenbach *Sande* *F 3*

1972

Franzosenbach: Volksmundliche Bezeichnung aus der Zeit der französischen Besetzung 1806-1813 für den Bruchbach, der aus dem Sander Bruch fließend in die Lippe mündete; durch die Flurbereinigung 1970 teilweise eingeebnet.

1993 Verlängerung nach Osten.

Am Freistuhl *Neuenbeken* *H 18*

1970

Standort des mittelalterlichen Freistuhles.

Freistuhl: Sitz der Freigerichte (Femgerichte), auf der karolingischen Gerichtsverfassung beruhende Gerichte des deutschen Mittelalters in Westfalen.

Alte Bezeichnung: *Auf dem freien Stuhle.*

Am Friedhof *Sande*

siehe Zum Barbrok

Am Glockenbusch *Elsen* *J 5*

1973

Nach der Elsener Sage vom Glockenbusch und nach einem Flurnamen.

Verbindungsstraße zur Mentropstraße, Hs. Nr. 17 bis Hs. Nr. 21 1973-1976: *Birkenweg*, siehe ebd., 1976-1979: *Rellerbusch*, siehe ebd.

Am Gottebach *Benhausen* *J 17*

1974

Nach einer Katasterbezeichnung von 1829 für das Trockenbachbett; Gotte: Gosse, nach auftretendem Gußregen.

Am Gottebach

siehe Feldmeiers Weg

Am Gunnebach *Sande* *H 3*

1969

Gunne: Bach, Quelle an der Wewerstraße in Elsen, bei Ringboke in die Lippe mündend.
Siehe auch Gunnestraße.

Am Haxthausenhof *Kernstadt* *L 10 (b 3)*

1897

Haxthausenhof: Seit 1679 Stadthof der Familie von Haxthausen; Simon Hilmar von Haxthausen war Erbhofmeister, Erbmarschall, Geheimer Rat und Oberlandeskommissarius; 1891 kaufte den Hof Joseph Schöningh, er erweiterte das Gebäude. Nach der Zerstörung 1945 in veränderter Form wiederaufgebaut. Seit 1974 Sitz der Städtischen Musikschule.
Früher im ersten Teil ab Mühlenstraße: *Wassergasse.*

Am Heilandsfrieden *Schloß Neuhaus* *D 7*

1960

Haus Heilandsfrieden: 1908 erbaut vom evangelischen Jugendbund Barmen als Soldatenheim „Hohenzollernhaus" zur Betreuung evangelischer Soldaten; 1920 von der katholischen Ordensgemeinschaft der Salvatorianer erworben und als „Exerzitienhaus Heilandsfrieden" genutzt; 1940 von der Geheimen Staatspolizei beschlagnahmt und dem Besitz der Deutschen Wehrmacht eingegliedert, bis 1945 Zahnstation, anschließend bis 1947 in Nutzung durch britische Truppen; 1947 Rückgabe an die Salvatorianerpatres und Einrichtung als Alten- und Pflegeheim, ab 1980 in der Trägerschaft der Familie Maßmann.
Siehe auch Klosterweg und Salvatorstraße.

Am Heiligenberg *Elsen* *L-N 5*

1962

Nach einer Geländeerhebung im südwestlichen Teil der Gemarkung Elsen, auch alter Flurname.

Am Heimekesberg *Sande* *F 1,2*

1969

Nach einem Flurnamen.

Am Hellweg *Wewer*

siehe Am Zollhaus

Am Henkelberge *Neuenbeken* *HJ 19*

1976

Nach einem Flurnamen. Teilstück der Kreisstraße 1.

1970-1976: *Dahler Straße.*

Führt vom Stadtteil Neuenbeken zur Bundesstraße 64 und weiter zum Stadtteil Dahl.

Am Hilligenbusch *Kernstadt* *MN 12*

1897

Nach einem Flurnamen; ehemalige Siedlung Hildelinghusen, im 12. Jahrhundert aufgegeben.

Am Hölzchen *Wewer* *Q 5*

1970

Nach dem in der Nähe gelegenen Wäldchen.

Am Hoppenhof *Schloß Neuhaus* *JK 8*

1976

In diesem Bereich der Gemarkung Schloß Neuhaus wurde früher Hopfen angebaut (mundartliche Bezeichnung „Hoppen"); alte Bezeichnung im Urkataster. Die dort befindlichen Hofstätten Menne und Lammers sind um 1900 bzw. um 1970 aus Neuhaus nach dort verlegt worden.

Am Ikenberg *Kernstadt* *M 11 (C 3,4)*

[1890] 1897

Iken: wahrscheinliche Deutung = Eichen.

Bis 1963 (Beginn der archäologischen Ausgrabungen an der

Nordseite des Domes) Verbindung über Treppen bis Am Rothoborn.
Alte Bezeichnung: *Im Sack.*

Am Kalberdanz *Kernstadt* *KL 9*
[1889] [1937/38]
Nach einem Flurnamen; weist darauf hin, daß diese Hudeflur Weide- und Tummelplatz der Kälber war.

Am Kanal *Sande* *F 3,4*
1969
Nach der Lage in der Nähe des 1850-1853 erbauten Boker Kanals.
1993 Verlängerung bis zur Sennelagerstraße.

Am Kindergarten *Wewer* *Q 5*
1970
Nach dem anliegenden Kindergarten.

Am Kleehof *Elsen* *M 4-6*
1962
Nach dem Kleehof, einem der drei Amtshöfe im Kirchspiel Elsen; der Hofinhaber, auch Kleemeier genannt, hatte das Amt des Schulten inne, daher auch als Schultenhof bezeichnet, seit 1812 im Besitz der Familie Rudolphi, jetzt Schulze-Rudolphi; auch alter Flurname. Klee (Klei) = Marschboden.
Siehe auch Kleemeiers Busch und Am Richterbusch.

Am Klostergarten *Neuenbeken* *H 19*
1970
Nach dem als Kloster bezeichneten Missionshaus Neuenbeken (Kongregation der Missionsschwestern vom Kostbaren Blute).

Am Krebsbach *Schloß Neuhaus* FG 8,9
1938
Krebsbach: Sennebach, entspringt im oberen Mastbruch, diente als Vorfluter zur Entwässerung des Mastbruches, mündet bei Schloß Neuhaus in die Lippe.

Am Kruggelhof *Schloß Neuhaus* *G 7*

1995

Nach dem Kruggelhof, erstmals 1596 in der schriftlichen Überlieferung erwähnt.

Siehe auch Kruggelweg.

Am Langenbergteich *Sande* *B 5*

1969

Nach Lage in der Nähe des Naturschutzgebietes Langenbergteich, einem Heideweiher. NSG seit 1989.

Am Langen Hahn *Dahl* *OP 19*

1976

Nach einem Flurnamen und einer ehemaligen Hofstätte.

Am Laugrund *Kernstadt* *N 12,13*

1959

Nach einem Flurnamen.

Lau, Loh = lichter Wald; Grund = Tal.

Am Lippesee *Sande* *F 3*

1976

Nach dem anliegenden Lippesee. Ausbaubeginn 1965.

1969-1976: *An der Lippe*, nach der in der Nähe fließenden Lippe.

Ammerweg *Kernstadt* *JK 10*

1960

Ammer: Singvogel.

Am Mühlenteich *Elsen* *H 4*

1977

Nach einem Flurnamen, ehemals feuchtes Wiesengelände und Mühlenteich in der Nähe der Altenginger Mühle.

Siehe auch Mühlenteichstraße.

1963-16.12.1976: *Hermann-Löns-Weg*, siehe ebd.

16.12.1976-22.3.1977: *Leineweberstraße.*

Am Niesenteich *Kernstadt* *J 12*

1953

Ehemaliges Teichgrundstück, nach Erwerb durch den Domherrn Georg von Niehausen (1703) Niesenteich genannt.
Siehe auch Am Behrenteich.

Am Ostfriedhof *Kernstadt* *M 11,12*
[1937/38]
Ostfriedhof: 1866 durch Bischof Konrad Martin eingeweiht.
Vorher: *Auf der Nonnenbrede*, Flurname im Urkataster 1830. Ein Teilstück des Geländes gehörte ursprünglich den Nonnen des Gaukirchklosters.
Um [1910]-[1937/38]: *Meinolfstraße*, siehe ebd.

Am Pöstkenwege *Kernstadt* *MN 14,15*
1999
Nach einem Flurnamen. Alter Prozessionsweg, nach der Separation (um 1856) begradigt. Pöstken = Heiligenhäuschen, Bildstock.

Am Richterbusch *Elsen* *K 5,6*
1962
Nach dem Richterhof, einem der drei Amtshöfe im Kirchspiel Elsen; auch alter Flurname.
Siehe auch Am Kleehof.

Am Ringgraben *Schloß Neuhaus* *HJ 7 (g 1,2)*
1938
Nach einem künstlich angelegten Wasserlauf, der einige Jahrhunderte der Schloßgräfte (Wassergraben um das Schloß) frisches Paderwasser zuführte; zugleich Löschwasservorrat bei Feuersbrünsten. Das Gelände des ehemaligen Ringgrabens wurde Ende der 1950er Jahre aufgeteilt und den Anliegern übertragen.

Am Rippinger Weg *Kernstadt* *MN 12,13*
1954
Weg zur mittelalterlichen Siedlung Rippinghusen.
Siehe auch Dahler Weg.

Am Roland *Kernstadt*
siehe Rolandsweg

Am Rolandsbad *Kernstadt* *K 10*

1948

Nach dem in den 1920er Jahren angelegten Bad an der Rothe. Siehe auch Rolandsweg.

[1894]: *Inselweg,* zwischen Tegelweg (Theilweg) und Schützenweg (Weg zum Schützenplatz) lag südlich des Rothebaches die „Jesuiteninsel", ein von einer Gräfte (Wassergraben) umgebener Garten; Gelände für die spätere Anlegung des früheren „Bades an der Rothe".

Am Rothebach *Sande*

siehe Kiebitzweg

Am Rothoborn *Kernstadt* *M 11 (b 3,4)*

1897

Nach dem seligen Rotho (Rudolphus), Paderborner Bischof 1036-1051.

Am Sandberg *Schloß Neuhaus* *GH 7,8*

1960

Nach einem Flurnamen.

Am Schlachthof *Kernstadt*

siehe Robert-Koch-Straße

Am Schlengerbusch *Elsen* *J 4,5*

1962

Nach einem Flurnamen.

Teilstück zwischen Bohlenweg und Nesthauser Straße 1962-1983: *Nesthauser Straße*, siehe ebd.

Am Schloßgarten *Schloß Neuhaus* *H 7 (ef 2)*

1970

Schloßgarten: Küchengärten dienten in fürstbischöflicher Zeit zur Versorgung der Schloßküche.

Siehe auch Amtsweg.

Amselweg *Schloß Neuhaus* *F 8,9*

1967

Amsel (Drossel): Großer Singvogel.

Siehe auch Drosselweg.

Marienloh: Im Vogtland von Westen, 1970

Amselweg *Wewer*
siehe Vössingweg

Am Silberbrink *Kernstadt* *L 9*
1949
Nach einem Flurnamen. Brink = sanft ansteigende Grünfläche.

Am Sportplatz *Marienloh* *E 13*
1969
Nach dem anliegenden Sportplatz.
Bis 1969: *Schulweg,* führte zur 1954 erbauten Schule.

Am Stadelhof *Kernstadt* *LM 11 (b 4,5)*
1897
Stadelhof: Schon 1036 in der Gründungsurkunde des Busdorfstiftes genannt. Stadelhof, auch Stalhof, gleichbedeutend mit Stapelhof, einem Wirtschaftshof, auf dem Bodenerzeugnisse und Handelswaren gelagert und umgeschlagen wurden. Teilstück hinter dem Kloster [1834]: *Hinter den Kapuzinern.*

Am Stadtberg *Dahl* *OP 15-19*

1976

Nach einem Flurnamen, führt von Dahl zur Kernstadt Paderborn. Teilstück der Landstraße 813.

Am Steinhof *Elsen* *K 4,5*

1967

Der 1260 erstmals urkundlich erwähnte und 1970/72 abgerissene Steinhof war vermutlich das bereits 1036 erwähnte Vorwerk Elesen (Elsen) des bischöflichen Haupthofes Nyenhus (Neuhaus); im 12. Jahrhundert Dienstgut des bischöflichen Ministerialengeschlechtes „de Elsen".

Am Thunhof *Schloß Neuhaus* *G 6*

1976

Thunhof: Vorwerk des bischöflichen Haupthofes Neuhaus, 1036 urkundlich erwähnt und bis zum heutigen Tage kontinuierlich als Einzelhof besiedelt.

Siehe auch Auf der Thune und Thuner Weg.

1957-1976: *Hermann-Löns-Weg,* siehe auch Hermann-Löns-Straße.

Am Tore *Neuenbeken* *H 18*

1970

Nach dem Westtor der alten Villikationsbefestigung Beken. Villikation: Höfeverband.

Amtsweg *Schloß Neuhaus* *H 7 (ef 1,2)*

1938

Am alten Amtshaus abzweigend, zur Erinnerung an das alte Amt Neuhaus.

Alte Bezeichnung: *An den Küchengärten,* die Küchengärten dienten in fürstbischöflicher Zeit zur Versorgung der Schloßküche.

Siehe auch Am Schloßgarten.

Am Turnplatz *Kernstadt* *MN 10,11*

[1892] 1897

Turnplatz des Gymnasium Theodorianum 1848-1920.

Verbindungsweg zwischen Am Turnplatz und *Liebfrauen-*

straße [1899]: *Hubertusstraße*, siehe Hubertusweg. Siehe auch Leostraße.

Am Vogelsang *Schloß Neuhaus*
siehe Hölderlinstraße

Am Waldplatz *Kernstadt* *NO 11*
[1937/38]
Nach einem Flurnamen.

Am Wasser *Neuenbeken*
siehe An der Beke

Am Westerntor *Kernstadt* *M 10 (d 1)*
1955
Westerntor: Westliches Tor der mittelalterlichen Stadtmauer; in einer Urkunde von 1222 als porta occidentalis erwähnt. Durch das Westerntor führte der Hellweg in die Stadt; 1875 abgerissen; zwei erhaltene Torpfeiler stehen heute am Neuhäuser Tor.

Am Wilhelmsberg *Schloß Neuhaus* *G 7*
1938
Wilhelmsberg: Bezeichnung des Neuhäuser Gemeindewaldes beruhend auf Fürstbischof Wilhelm Anton von der Asseburg (1763-1782).

Am Willnteich *Elsen* *K 4*
1962
Ehemalige Feuchtwiese der Hofstätte Schlenger-Willn.

Am Ziegenberg *Wewer* *PQ 7*
1970
Nach einem Flurnamen (Siegenberg). Seit 1970 Naturschutzgebiet.

Am Zollhaus *Wewer* *P 4,5*
1976
Nach dem an der Salzkottener Straße (früher Hellweg) auf Gut Warthe gelegenen Zollhaus (Hebestelle für Chausseegeld).
1970-1976: *Am Hellweg*, siehe Salzkottener Straße.

An den Fichten *Elsen* *L 3*

1962

Nach einem Flurnamen; Teil des Elser Holzes.

An den Fischteichen *Kernstadt* *JK 9,10*

1976

Nach den 1892-1893 angelegten Fischteichen.

Siehe auch Franckenbergallee.

1948-1976: *Lönsweg*, siehe Hermann-Löns-Straße.

An den Kapuzinern *Kernstadt* *LM 11 (b 4,5)*

1897

Nach dem von Domdechant Arnold von Horst 1613-1617 errichteten Kapuzinerkloster, 1811 aufgehoben. 1847/48-1979 bischöfliches/erzbischöfliches Knabenseminar, seit 1979 Liborianum, Bildungsstätte des Erzbistums.

[1886]: *Kapuzinerstraße.*

An den Küchengärten *Schloß Neuhaus*

siehe Amtsweg

An den Lothewiesen *Kernstadt* *K 12*

1948

Nach einem Flurnamen. Lothe, Lode: wasserreiche Niederung. Heutige Lothewiesen Ende der 1880er Jahre als Flößwiesen (Bewässerungswiesen) angelegt.

An der Alme *Wewer* *Q 6*

1970

Alme: siehe Almeaue.

An der Alten Synagoge *Kernstadt* *M 11 (c 4)*

1989

Ehemals Standort der 1882 errichteten Synagoge.

Von den Nationalsozialisten in der Pogromnacht 9./10. 11. 1938 zerstört.

An der Bache *Kernstadt*

siehe Bachstraße

An der Beke *Neuenbeken* *H 19*

1970

Beke: Fluß, entspringt am Südhang des Eggegebirges und mündet bei Marienloh in die Lippe.

Alte Bezeichnung: *Am Wasser.*

An der Bischofsmühle *Neuenbeken* *H 19*

1970

Nach der ehemaligen Mühle des bischöflichen Haupthofes Beken.

An der Bleiche *Schloß Neuhaus*

siehe Von-Weitz-Straße

An der Brotkuhle *Elsen* *J 3,4*

1962,1967

Nach einem Flurnamen, der zurückgeht auf die volksmundliche Bezeichnung für eine Bodenvertiefung im Gesselner Feld am alten Landweg zwischen Elsen und Gesseln. Von hier holten die Elsener den weißen Sand zum Streuen der Küche und Tenne.

An der Burg *Kernstadt* *M 11 (c 4)*

1950

Nach der alten Burgbefestigung der Domimmunität.

An der Dicken Linde *Elsen* *J 3,4*

1967

Nach einem Flurnamen, der auf die an der Gesselner Straße, etwa gegenüber der Einmündung An der Brotkuhle stehende große alte Linde zurückgeht.

An der Grimke *Schloß Neuhaus* *DE 8,9*

1953

Grimke: Sennebach, entspringt in der Senne und mündet in die Thune.

An der Kapelle *Schloß Neuhaus* *J 8*

1973

Nach der in der Nähe stehenden Rochus-Kapelle, erbaut

1767 als Ersatz für einen älteren Vorgängerbau vom fürstbischöflichen Hofbauingenieur Josef Simon Sertürner. Siehe auch Rochusweg.

An der Kolkpader *Kernstadt*
siehe Am Damm

An der Linde *Kernstadt*
siehe In den Fürstengärten

An der Lippe *Sande*
siehe Am Lippesee

An der Pfannkuchenschmiede *Schloß Neuhaus* *D 7*
1960
Pfannkuchenschmiede: Bezeichnung der Soldaten für eine Schankwirtschaft, in der nach Einrichtung des Truppenübungsplatzes Senne (1892) Pfannkuchen für hungrige Soldaten gebraten (geschmiedet) wurden.

An der Rothe *Kernstadt*
siehe Rotheweg

An der Schönen Aussicht *Kernstadt* *MN 12*
[1890] [1937/38]
Schöne Aussicht: Von diesem Gelände hatte man bis in die 1930er Jahre einen ungehinderten Ausblick auf die alte Stadt Paderborn.

An der Springbeke *Kernstadt* *K 12*
1964
Springbeke: Bach, springt, d. h. führt viel Wasser bei Schneeschmelze und Wolkenbrüchen.

An der Talle *Kernstadt und Marienloh* *F-H 10-13*
1961
Talle: Geländevertiefung. Erstmalige Erwähnung beim Erwerb eines Hofes „In der Talle" durch den Abt Albert des Klosters Abdinghof (1226). Tallewiesen seit dem 19. Jahrhundert lange als Flößwiesen (Bewässerungswiesen) genutzt. Siehe auch Talleweg.

[1892]-1961: *Dorfstraße*.
Im Stadtteil Marienloh bis 1969: *Schloß Neuhäuser Straße.*
Im Stadtteil Schloß Neuhaus bis 1938: *Dorfstraße*, siehe auch Marienloher Straße.

An der Waldlust *Schloß Neuhaus* *G 7*
1954
Nach der ehemaligen Gastwirtschaft „Waldlust", erbaut um 1905.

An der Warmen Pader *Kernstadt* *M 10 (c 2)*
1897
Warme Pader: Einer der sechs Quellflüsse der Pader. Die Temperatur beträgt ca. 15° Celsius, die der übrigen Quellflüsse ca. 8°. Wurde bis in die Zeit nach dem 2. Weltkrieg zum Wäschewaschen (Waschpader) genutzt, woran eine 1994 aufgestellte Figurengruppe erinnert.

An der Wasserkunst *Kernstadt* *M 10 (b 3)*
[1885] 1897
Seit 1523 Standort eines mittels Wasserkraft betriebenen Pumpwerkes (Wasserkunst), das über ein Rohrleitungsnetz mehrere in den höher gelegenen Stadtteilen zur Brandbekämpfung und Trinkwasserversorgung aufgestellte große steinerne Behälter (Kümpe) mit Wasser versorgte. 1902 durch ein modernes Ozonwasserwerk im Paderquellgebiet ersetzt. Siehe auch Vattmannstraße.

Andreasstraße *Kernstadt* *M 11,12 (cd 5)*
[1910] u. 1976
Andreas: Apostel. Petrus und Andreas Patrone der Busdorfkirche.
Parallel zur Bahn verlaufendes und zum Busdorfwall abknikkendes Teilstück 1897-1976: *Josefstraße*, siehe ebd.

Andreas-Winter-Straße *Schloß Neuhaus* *G 7*
1956
Andreas Winter, 1774-1855, Kaplan in Neuhaus 1798-1848, Stifter des Neuhäuser Andreas-Krankenhauses; 1863 begründet, 1974 geschlossen.

Anemonenweg *Sande* *F 2*

1976

Anemone: Gattung der Hahnenfußgewächse; auch Buschwindröschen, Leberblümchen.

1997 Verlängerung bis Ostenländer Straße.

Haus Nr. 21-Nr. 29 1972-1976: *Margaretenstraße*, s. ebd.

Angelnweg *Kernstadt* *H 10*

1990

Angeln: Westgermanischer Volksstamm im Gebiet der heutigen Landschaft Angeln an der Ostküste Schleswig-Holsteins.

Anhalter Weg *Kernstadt* *HJ 11,12*

[1937/38] evtl. 1917

Anhalt: Herzogtum mit der Hauptstadt Dessau. Nach 1918 Freistaat. Heute Bundesland Sachsen-Anhalt.

An Hillebrands Graben *Kernstadt*

Siehe Hillebrandstraße

Anne-Frank-Straße *Elsen* *J 3,4*

1993

Anne Frank, 1929-1945, schrieb als Kind einer 1933 aus Frankfurt emigrierten und 1940 in Amsterdam untergetauchten jüdischen Familie ein Tagebuch über ihre Erlebnisse im Hinterhausversteck 1942-1944, gestorben im Konzentrationslager Bergen-Belsen 1945.

Annenbrede *Kernstadt* *L 9*

1966

Nach einem Flurnamen (St. Annenbreide), der möglicherweise auf einen hier noch im 18. Jh. nachweisbaren Bildstock zurückgeht, der vielleicht ein Annenbild barg. Die hier gelegenen 35 Gärten standen im Eigentum des Fürstbischofs. Gartenbrede = Gartenbreite, gewöhnlich zu beiden Seiten von einer gemeinsamen Gasse begrenzt.

Siehe auch In den Fürstengärten und Mönchebrede.

Annette-von-Droste-Straße *Kernstadt* *N 11*

1933

Annette Freiin von Droste-Hülshoff, 1797-1848. Westfälische

Dichterin. Unter anderem Verfasserin der berühmten klassischen Novelle „Die Judenbuche"; „Bilder aus Westfalen".

Ansgarstraße *Kernstadt* *NO 10*

1947

Ansgar: Apostel des Nordens, 801-865. Mitbegründer (822) des Klosters Corvey an der Weser.

1938-1947: *Boelckestraße*, Boelcke, Oswald, 1891-1916, Kampfflieger im 1. Weltkrieg.

Anton-Hartmann-Straße *Elsen* *KL 5*

1990

Anton Hartmann, 1902-1986, Zimmermeister, Bürgermeister von Elsen 1948-1974, 1975 Verleihung des Titels „Altbürgermeister".

Anton-Heinen-Straße *Kernstadt* *N 8*

1957

Anton Heinen, 1896-1934, katholischer Priester und Volksbildner. 1923 Begründer der ersten Landvolkshochschule im „Franz-Hitze-Haus" auf dem Gelände des früheren Inselbades in Paderborn. 1965 Verlängerung nach Westen.

Antoniusstraße *Elsen* *KL 5*

1962

Nach dem an der Straße gelegenen Antonius-Bildstock. Antonius von Padua, 1195-1231, Franziskaner, Heiliger (1232); Schutzheiliger der Ehe.

Antoniusweg *Wewer*

siehe Zum Winterberg

Apengasse *Kernstadt* *M 10 (bc 2)*

1897

Nach der ehemals an der Westernmauer ansässigen Familie Apen.

Appelkamp *Elsen* *K 5,6*

1986

Nach der Obstwiese der Familie Brinkmeier-Köhne.

Siehe auch Am Biekenkamp.

Archenholdweg *Kernstadt* *NO 13*

1978

Dr. Friedrich Simon Archenhold, 1861-1939, Astronom, 1896 Begründer der Treptower Sternwarte in Berlin. Dr. Archenhold war gebürtig aus Lichtenau, Kreis Paderborn.

Arminiusstraße *Kernstadt* *KL 11,12*

[1931]

Armin (Arminius, Hermann): Fürst der Cherusker, 17 v. Chr.-21 n. Chr. Besiegte 9 n. Chr. in der „Schlacht im Teutoburger Wald" das Heer des römischen Feldherrn Varus. Denkmal auf der Grotenburg bei Detmold.

Arminstraße *Schloß Neuhaus*

siehe Grenadierweg

Arndtstraße *Kernstadt* *L 12,13*

1960

Ernst Moritz Arndt, 1769-1860. Historiker und Dichter. 1848 Mitglied der Nationalversammlung in der Frankfurter Paulskirche. 1964 Verlängerung nach Westen.

Arnikaweg *Kernstadt* *LM 14,15*

1991

Arnika: Heilpflanze.

Arnold-Schlüter-Weg *Kernstadt* *NO 13*

1978

Arnold Schlüter, 1802-1889. Oberlandesgerichtsrat in Paderborn. 1848 Mitglied der Nationalversammlung in der Frankfurter Paulskirche.

Arolser Weg *Kernstadt* *N 12*

1966

Arolsen: Residenzstadt des im Süden an das ehemalige Hochstift Paderborn angrenzenden ehemaligen Fürstentums Waldeck.

Artilleriestraße *Schloß Neuhaus* *D 7*
1938
Artillerie: Truppengattung.

Aslaner Straße *Neuenbeken* *H 18*
1970
Aßlan, wahrscheinlich Asseln: Ortschaft im südöstlichen Teil des Kreises Paderborn, Stadt Lichtenau; wurde 1036 als Vorwerk des bischöflichen Haupthofes Beken genannt.

Asseburgstraße *Kernstadt* *LM 9*
1976
Wilhelm Anton von der Asseburg: 1707-1782, Fürstbischof von Paderborn 1763-1782. Begründer des Priesterseminars.
1951-1976: *Schlaunstraße*, siehe ebd.

Asternweg *Kernstadt* *K 12*
1964
Aster: Gartenblume.

Asternweg *Sande*
siehe Hagebuttenweg

Attelner Weg *Kernstadt* *N 14*
1972
Atteln: Ortschaft im südöstlichen Teil des Kreises Paderborn, Stadt Lichtenau.

Auenhauser Weg *Kernstadt* *MN 14*
1987
Auenhausen: Ortschaft im südlichen Teil des Kreises Höxter, Stadt Brakel.

Auf dem Alme *Elsen* *H 4*
1977
Nach einem Flurnamen.
1962-16.12.1976: *Auf der Alme.*
16.12.1976-22.3.1977: *Up de Alm*, Änderung der Schreibweise.

Auf dem Bache — *Kernstadt*
siehe Bachstraße

Auf dem Backofen — *Kernstadt*
siehe Klingelgasse

Auf dem Bieleken — *Schloß Neuhaus* — *G 6*
1938
Nach einem Flurnamen.

Auf dem Bühlen — *Elsen* — *JK 4*
1962, 1972
Nach einem Flurnamen.

Auf dem Delmenrod — *Neuenbeken* — *H 20*
1970
Rodefläche im Buchholz.
Siehe auch Buchholz.

Auf dem freien Stuhle — *Neuenbeken*
siehe Am Freistuhl

Auf dem Geste — *Elsen* — *K 5*
1964
Nach einem Flurnamen.
Gest (altfränkisch): Das hohe trockene Land.

Auf dem Kamp — *Schloß Neuhaus*
siehe Von-der-Reck-Straße

Auf dem Meere — *Wewer* — *Q 5,6*
1970
Nach einem Flurnamen. Meer, Mersch: Fruchtbare Niederung, durch Anschwemmung gebildet, besonders als Weideland genutzt.
Früher volksmundlich: *Hammelstraße*.

Auf dem Sandfelde — *Elsen* — *HJ 5,6*
1962
Nach einem Flurnamen und der Bodenbeschaffenheit.

Auf den Dielen *Kernstadt LM 10,11 (b 3,4)*
[1834], 1897
Ursprünglich reichte das Wasser der Dielenpader bis fast an die Bebauung. Um einen Fahr- und Fußweg zu schaffen, mußte das Wasser durch einen Dielenweg überbrückt werden.
[1894]: *Dielenstraße.*

Auf den Pfühlen *Schloß Neuhaus J 7*
1957
Nach einem Flurnamen.

Auf der Alme *Elsen*
siehe Auf dem Alme

Auf der Beke *Kernstadt*
siehe Bachstraße.

Auf der Haide *Benhausen*
siehe Benser Heide

Auf der Heide *Dahl*
siehe Dahler Heide

Auf der Lieth *Kernstadt MN 13-15*
[1830], 1897, 1983 bestätigt
Nach einem Flurnamen. Lieth: Geneigte Fläche, Abhang.

Auf der Natte *Wewer R 4,5*
1970
Nach einem Flurnamen. Natte = nasses Gelände.

Auf der Nonnenbrede *Kernstadt*
siehe Am Ostfriedhof

Auf der Schulbrede *Kernstadt M 11,12*
1897
Der Name taucht bereits in Urkunden des 14. Jh. auf. 1321 verpfändet Bischof Bernhard von Paderborn dem Domkapitel seine „Scolbrede" genannten Äcker.

Deutung: Scole = schale, Brede = ein breites Ackerfeld. Die Schulbrede demnach eine schale Brede = wenig einträgliches Ackerstück.
[1889]: *Schulbreite.*

Auf der Sühle *Kernstadt* *K 11*
[1903]
Nach der alten Siedlung Sulithe. Das Wort kennzeichnet Bruchgelände als Suhlheide. Sulithe wird schon in der Vita Meinwerci (um 1160) erwähnt.

Auf der Thune *Schloß Neuhaus* *F 6*
1938
Thune: Fluß, ab Diebesweg (Fürstenbergbrücke) durch die Sennebäche Strothe und Lutter gebildet, fließt in die Lippe. Nach dem Sennebach wurde auch der bereits 1036 urkundlich erwähnte Thunhof, sowie die Bauerschaft Thune des Kirchspiels Neuhaus benannt.
Siehe auch Am Thunhof und Thuner Weg.

Auf der Töterlöh *Kernstadt* *L 12*
1948
Nach einem Flurnamen, auch „Töterlöt" und „Auf der Teiterlei".
Deutung: Töte = spitz zulaufendes Geländestück.
1931-1948: *Töterlöh.*

Augsburger Weg *Kernstadt* *H 11*
1973
Augsburg: Stadt in Bayern.

Augustdorfer Straße *Kernstadt* *J 11,12*
1987
Augustdorf: Ortschaft im südwestlichen Teil des Kreises Lippe, am Nordrand des Truppenübungsplatzes Senne.

Augustin-Wibbelt-Straße *Elsen* *H 4*
1969
Augustin Wibbelt, 1862-1947, katholischer Pfarrer in Mehr bei Kleve 1907-1935, westfälischer Mundartdichter.

August-Potthast-Weg *Kernstadt* *NO 13*
1978
Franz August Potthast, 1825-1898. Absolvent des Gymnasium Theodorianum, Erster Bibliothekar des Reichstages in Berlin. Verfasser verschiedener wissenschaftlicher Werke.

Azaleenstraße *Sande*
siehe Azaleenweg

Azaleenweg *Sande* *F 2*
1997
Azalee: Strauchige Gattung der Heidekrautgewächse.
1972-1997: *Azaleenstraße.*

Bachstraße *Kernstadt* *M 10 (c 2,3)*
[1889] 1897
Nach der Bachpader, die früher offen durch die Bachstraße floß.
Alte Bezeichnung: *An der Bache,*
Textkataster 1778: *Auf der Beke,*
[1884]: *Auf dem Bache.*

Badener Weg *Kernstadt*
siehe Elsässer Weg

Badengasse *Kernstadt* *L 11 (b 5)*
1897
Nach der früher hier ansässigen Familie Baden.

Bad Lippspringer Straße *Benhausen* *HJ 17*
1972
Führt als Teilstück der Landstraße 937 von Benhausen zur Stadt Bad Lippspringe und weiter nach Schlangen/Lippe.
Die Trasse folgt etwa dem Verlauf der alten Paderborner Landwehr; Teilstück des Hildesheimer Prozessionsweges nach Paderborn.
Alte Bezeichnung: *Knickweg,* Knick: Wall mit Buschwerk.
Früher auch: *Hamerstraße.*

Bahnhofstraße *Kernstadt* *MN 8-10 (d 1)*

1897

Nach dem am 1. 10. 1850 in Betrieb genommenen Bahnhof an der am selben Tag eröffneten Eisenbahnstrecke Hamm-Soest-Paderborn. Teilstück des alten Hellweges und der früheren Bundesstraße 1.

Bis 17 Jh.: *Hellweg,*
Im 17. Jh.: *Salzkotter Weg,*
Im 19. Jh.: *Salzkotter Chaussee,*
Im 19. Jh.: *Römischer Weg,*
Bis 1897: *Western Chaussee.*

Römischer Weg: Nach der ehemaligen Roms-Kapelle (Römische Kapelle), siehe auch Kapellenstraße.

Bahnhofstraße *Schloß Neuhaus*

siehe Marienloher Straße und Sennebahnhof

Bahnstraße *Kernstadt*

siehe Leostraße

Bahnweg *Marienloh*

siehe Sudetenweg

Balduinstraße *Kernstadt* *M 10 (c 1)*

[1909]

Balduin: Edelherr von Steinfurt, gestorben nach 1362, Bischof von Paderborn 1341-1361. Er führte im Bistum die Feste der Unbefleckten Empfängnis und des hl. Andreas ein.

Balhorner Feld *Kernstadt* *N 7*

1998

Nach einem Flurnamen. Balhorn: Mittelalterliche Siedlung zwischen dem Fluß Alme und der Altstadt, erstmalig 1015 urkundlich genannt, um 1400 untergegangen (Wüstung).

Balhornstraße *Kernstadt* *MN 9*

1897

Siehe Balhorner Feld.

Balsenteich *Sande* *EF 2*
1997
Nach einem Flurnamen.

Baltenweg *Kernstadt* *N 11*
1976
Balten: Bewohner der baltischen Länder; Baltikum: Ostseeländer Estland, Lettland, Litauen.
1938-1976: *Memelstraße*, siehe ebd.

Baltrumer Weg *Kernstadt* *N 11*
1968
Baltrum: Ostfriesische Nordseeinsel.

Barkhauser Straße *Kernstadt, Wewer* *N-Q 6-8*
1973, 1976
Führt von der Kernstadt Paderborn zum Stadtteil Wewer. Teilstück der Kreisstraße 37. Barkhausen: Mittelalterliche Siedlung Barkhusen, im 15. Jahrhundert untergegangen.
In der Kernstadt:
Vom Frankfurter Weg bis Stadtteilgrenze 1967-1976: *Wewersche Straße*,
siehe auch Wollmarktstraße.
Im Stadtteil Wewer:
um 1954: *Stadtlanfert*, siehe ebd.
bis 1970: *Paderborner Straße*,
1970-1976: *Wewersche Straße.*
Stichstraße bei Hs. Nr. 251 nach Osten bis zum Steinbruch
1970-1973: *Steinbruchweg,* siehe ebd.

Barntruper Straße *Kernstadt* *H 12*
1973
Barntrup: Stadt im östlichen Teil des Kreises Lippe.

Bastfelder Weg *Kernstadt* *NO 10*
1948
Nach einem Flurnamen. Baster = Gebüsch.

Bayernweg *Kernstadt* *HJ 11*

1917

Bayern: Deutscher Volksstamm.

Bei den Mühlen *Kernstadt*

siehe Mühlenstraße

Beim Bukschlag *Neuenbeken*

siehe Am Bukschlag

Beim Schlinghause *Elsen* *K 6*

1987

Nach dem Schlinghaus (Hof Schlingmeyer, heute Welslau), einer alten, an der Almefurt (heute Almebrücke) gelegenen Zollstelle am Durchgang (Schling) in der mittelalterlichen Paderborner Landwehr. Siehe auch Im Schlinge.

Beker Gärten *Neuenbeken* *H 19*

1993

Nach einem Flurnamen, bereits im 17. Jh. urkundlich erwähnt. Die Gärten trennten die Patrimonalgerichtsbarkeit (Gutsherrschaft) vom Gogericht.

Marienloh: Detmolder Straße von Südwesten in Höhe des Hofes Mertens, 1959

Beker Stadtweg *Neuenbeken*
siehe Hildesheimer Hellweg

Bekeweg *Marienloh* *F 13*
1969
Beke: Bach, entspringt am Südhang des Eggegebirges und mündet bei Marienloh in die Lippe.

Bekscher Berg *Neuenbeken* *GH 18,19*
1970
Nach einem Flurnamen.

Belmer Weg *Marienloh* *GH 14-16*
1969
Nach dem Urkataster. Teilstrecke eines mittelalterlichen „Bollweges" in der Gemarkung Marienloh. Bollweg, Bohlenweg = Knüppeldamm zur Durchquerung eines Feuchtgebietes. Siehe auch Bohlenweg.

Bendeslo *Marienloh* *E 13,14*
1976, 1987
Bendeslo (Benedeslo): Vorwerk des bischöflichen Haupthofes Enenhus, 1036 urkundlich erwähnt, ab 1342 nachweisbare Bezeichnung Marienloh.
Bis 1969: *Kirchweg,*
1969-1976: *Friedhofsweg,* nach dem anliegenden Friedhof.
1976-1987: *Bendesloh,* Änderung der Schreibweise.

Bendesloh *Marienloh*
siehe Bendeslo

Benediktinerstraße *Kernstadt* *NO 9*
[1931]
Führt in die frühere Ackerbrede des Benediktinerklosters Abdinghof.
Siehe auch Abtsbrede.

Benhauser Straße *Kernstadt* *KL 11-14*
1897

Führt von Paderborn zum Stadtteil Benhausen. Teilstück der Landstraße 755.
[1885]: *Benser Weg.*
Teilstück vom Dörener Platz zur Driburger Straße bis 1959: *Reismannweg*, siehe ebd.

Benser Haide *Benhausen* *HJ 17*
1976
Nach einem Flurnamen. Haide = Heide: Boden mit geringem Ertrag. Durch die Heide führte der alte Kirchweg von Benhausen nach Neuenbeken.
Bis 1976: *Auf der Haide.*

Benser Weg *Benhausen*
siehe Benhauser Straße

Bentelerstraße *Schloß Neuhaus* *H 8*
1972
Nach den 1922 gegründeten Bentelerwerken.

Bentfelder Straße *Sande* *H 1*
1969
Führt von Sandhöfen (Ortsteil von Sande) nach Bentfeld.
Bentfeld: Ortschaft im Westen des Kreises Paderborn, Stadt Delbrück.

Bergheimer Weg *Kernstadt* *M 14*
1983
Bergheim: Ortschaft im westlichen Teil des Kreises Höxter, Stadt Steinheim.

Bergsohle *Dahl* *O 18*
1976
Nach einem Flurnamen. Sohle: Wasserhaltende Bodenschicht.

Bergstraße *Kernstadt* *N 10*
[1900]
Nach der geographischen Lage.

Bergstraße *Neuenbeken*
siehe Überwasserstraße

Bergstraße *Wewer*
siehe Dorfstraße

Bergweg *Neuenbeken*
siehe Horner Hellweg

Berliner Ring *Kernstadt* *LM 12,13*
1966 u. 1983
Berlin: Hauptstadt der Bundesrepublik Deutschland.

Berliner Straße *Schloß Neuhaus*
siehe Londoner Straße

Berliner Tor *Kernstadt*
siehe Marienstraße

Bernburger Straße *Kernstadt* *P 10*
1956
Bernburg: Stadt in Sachsen-Anhalt.

Bernhard-Hunstig-Straße *Schloß Neuhaus* *K 8*
1998
Bernhard Hunstig, 1915-1995, Kaufmann, CDU-Kommunalpolitiker, 1956-1974 Bürgermeister der Gemeinde Schloß Neuhaus; nach der kommunalen Neugliederung stellvertretender Bürgermeister der Stadt Paderborn 1975-1984. Bernhard Hunstig hatte wesentlichen Anteil an der städtebaulichen und wirtschaftlichen Entwicklung der Gemeinde Schloß Neuhaus.

Bernhard-Köthenbürger-Straße *Kernstadt* *M 8,9*
1988
Bernhard Köthenbürger, 1870-1938, Stadtverordneter und Beigeordneter, Mitglied des preußischen Landtages.

Bernhard-Manegold-Straße *Schloß Neuhaus* *G 8,9*
1986

Bernhard Manegold, 1873-1956, Kaufmann, Bürgermeister (Zentrumspartei) in Neuhaus vor der nationalsozialistischen Machtergreifung 1933; nach dem 2. Weltkrieg wiederum Bürgermeister 25.1.1946-26.9.1946 (kommissarisch). 1953 Ehrenbürger der Gemeinde Neuhaus.

Bernhard-Sinne-Straße *Elsen* *J 4*

1962

Bernhard Sinne, 1878-1961, geboren in Elsen, katholischer Priester, seit 1904 Prälat in Omaha/USA. Nach dem 2. Weltkrieg Initiator amerikanischer Hilfssendungen für die Elsener Bevölkerung. 1952 Ehrenbürger der Gemeinde Elsen.

Bernhardstraße *Elsen* *K 5,6*

1972

Bernhard von Clairvaux, 1090-1153, Heiliger (1173), Kirchenlehrer.

Bernhard-Witte-Straße *Neuenbeken* *H 19*

1983

Dr. Bernhard Witte, geboren in Beken (Neuenbeken), Malteserprior, Wohltäter der Gemeinde nach dem Dreißigjährigen Krieg. 1650 wurde ihm das Ritterkreuz des Malteser-Ordens verliehen.

Schloß Neuhaus: Blick von der Lippebrücke in die Bielefelder Straße, 1930er Jahre

Bessenstraße *Kernstadt* *L 9*

1947

Dr. Georg Joseph Bessen, 1781-1838, katholischer Priester, Lehrer und Verfasser der „Geschichte des Bistums Paderborn". Mitbegründer des Vereins für Geschichte und Altertumskunde Westfalens, Abteilung Paderborn.

[1938]-1947: *Lützowstraße,* Adolf Freiherr von Lützow, 1782-1834, Generalmajor, preußischer Freischarführer in den Befreiungskriegen.

Beverunger Weg *Kernstadt* *MN 14,15*

1984

Beverungen: Stadt an der Weser, im südöstlichen Teil des Kreises Höxter.

Biberweg *Kernstadt und Schloß Neuhaus* *H 10*

1963

Biber: Nagetier. 1984: Verlängerung des vorhandenen Weges.

Bickelweg *Schloß Neuhaus*

siehe Neuhäuser Kirchstraße

Bielefelder Straße *Sande und Schloß Neuhaus* *A-H 4-8 (ef 2)*

1938

Führt von Schloß Neuhaus nach Bielefeld, Teilstück der Landstraße 756 (ehemals Bundesstraße 68). Bielefeld: Stadt in NRW am Teutoburger Wald.

Stadtteil Sande:

Hs. Nr. 132 u. 134 1969-1976: *Obere Bielefelder Landstraße*, Teilstück einer alten Fernstraße von Süden nach Norden. Siehe auch Teutoburger Straße.

Bielefelder Straße *Schloß Neuhaus*

siehe Residenzstraße

Binnernweg *Elsen* *J 5*

1976

Querverbindung Gunnestraße-Hilschenbruch.

1962-1976: *Querweg*, siehe wie Binnernweg.

Birkenweg *Kernstadt* *J 10*

1949

Birke: Baumgattung.

Birkenweg *Marienloh*

siehe Masurenweg

Birkenweg *Elsen*

siehe Am Glockenbusch

Birkhahnweg *Elsen* *H 5*

1976

Birkhahn: Große Waldhuhnart in Heide und Moor.

1962-1976: *Drosselweg*, siehe ebd.

Birnenweg *Wewer* *Q 5*

1970

Birne: Kernobst.

Bis 1970: *Weidenweg*, siehe ebd.

Blasiusstraße *Kernstadt* *M 11 (c 5)*

[1910]

Blasius: Heiliger, Bischof von Sebaste in Armenien, erlitt um 316 den Märtyrertod. Fest am 3. Februar in der Busdorfkirche zu Paderborn.

Bleichstraße *Kernstadt* *LM 9*

[1891] 1897

Riemekes Bleicheplatz: Schon im Textkataster von 1698 genannt. Bleichplätze dienten zum Leinen- und Wäschebleichen.

[1893]: *Bleichweg.*

Blomberger Straße *Kernstadt* *H 12*

1973

Blomberg: Stadt im Kreis Lippe.

Teilstück nördlich des Anhalter Weges 1917-1973: Thüringer Weg, siehe ebd.

Blumenstraße *Elsen* *K 5*

1962

Blume: Farbenschöne Blüte.

1936-1962: *Entenstraße*, nach einem früheren Ententeich (Ennerkenlouk) an der Gunne.

Bockhöfen *Neuenbeken*
siehe Bukhove

Bodelschwinghstraße *Kernstadt* *MN 8*
1962
Friedrich von Bodelschwingh, 1831-1910. Evangelischer Pfarrer, Begründer und Leiter der Bodelschwinghschen Anstalten in Bielefeld-Bethel 1871-1910.

Bodelschwinghweg *Schloß Neuhaus*
siehe Marstallteich

Bökendorfer Weg *Kernstadt* *MN 15*
1999
Bökendorf: Ortschaft im Kreis Höxter, Stadt Brakel.

Boelkestraße *Kernstadt*
siehe Ansgarstraße

Bohlenweg *Elsen* *JK 4,5*
1962
Ursprünglich Feuchtgebiet, wurde befahrbar durch Auslegung von Holzbohlen.
Siehe auch Belmer Weg.
1962-1976: *Bohlweg*, Umbenennung anläßlich der Gebietsreform, um Verwechslung mit dem Pohlweg zu vermeiden.

Bohlweg *Elsen*
siehe Bohlenweg

Boltenhof *Elsen* *K 5*
1994
Nach der alten Hofstätte Bolten.

Bolton-Wall *Kernstadt* *M 10 (b-d 2)*
1975
Bolton: Industriestadt in England (Baumwollverarbeitung). Partnerstadt von Paderborn und Le Mans seit 1975.

Bis 1975: *Friedrichpromenade.*
Siehe Friedrichstraße.

Bolzengasse *Kernstadt*
siehe Krumme Grube

Bonenburger Weg *Kernstadt* *N 14*
1983
Bonenburg: Ortschaft im südlichen Teil des Kreises Höxter, Stadt Warburg.

Bonifatiusweg *Kernstadt* *J 11*
1947
Bonifatius (früher Wynfrith), um 675-754, Heiliger, Apostel der Deutschen, erlitt als Missionar den Märtyrertod.
Siehe auch Winfriedstraße.
1917-1947: *Preussenweg,* Preußen: Bewohner der preußischen Provinzen.

Borchener Chaussee *Kernstadt*
siehe Borchener Straße

Borchener Straße *Kernstadt* *M-P 9,10 (d 1)*
1897
Führt von Paderborn zur Nachbargemeinde Borchen. Teilstück der Bundesstraße 480.
[1884]: *Borchener Chaussee.*

Borgentreicher Weg *Kernstadt* *MN 14*
1983
Borgentreich: Stadt im südlichen Teil des Kreises Höxter.

Borgholzer Weg *Kernstadt* *MN 14,15*
1984
Borgholz: Ortschaft im südlichen Teil des Kreises Höxter, Stadt Borgentreich.

Borkumer Weg *Kernstadt* *H 10,11*
1968
Borkum: Ostfriesische Nordseeinsel.

Borlinghauser Weg *Kernstadt* *N 14*
1983
Borlinghausen: Ortschaft im südwestlichen Teil des Kreises Höxter, Stadt Willebadessen.

Brachvogelgrund *Sande* *DE 1,2*
1976
Brachvogel: Gattung der Schnepfenvögel, früher im Sander Bruch häufig vorkommend.
1969-1976: *Wiesenweg,* führte durch Wiesengelände.

Brahmsweg *Kernstadt* *J 12*
1987
Johannes Brahms, 1833-1897, Komponist.

Brakeler Straße *Kernstadt* *N 13*
1972
Brakel: Stadt im Kreis Höxter.

Brakenberg *Dahl* *OP 18,19*
1976
Nach einem Flurnamen, Braken: Reisigsträucher.
Bis 1976: *Am Brakenberg.*

Brandenburger Weg *Kernstadt* *J 10,11*
1962
Brandenburger: Deutscher Volksstamm.

Brandisgasse *Kernstadt*
siehe Laurentiusgasse

Brandisstraße *Kernstadt* *LM 12*
1960
Alexander Brandis, 1774-1896, 1820-1836 Stadtdirektor und 1836-1849 Bürgermeister der Stadt Paderborn.

Brauerstraße *Kernstadt* *N 10*
1897
Nach den früher in der Straße ansässigen Brauern der ehemaligen Aktien- und Vereinsbrauerei/Paderborner Brauerei.
Siehe auch Alte Brauerei und Mälzerstraße.

Braunsohle *Dahl* *N 20,21*
1976
Nach einem Flurnamen. Sohle: Wasserhaltende Bodenschicht.

Brede *Dahl* *P 19*
1976
Nach einem Flurnamen. Brede = breite Weidefläche.

Breite Gasse *Kernstadt*
siehe Reumontstraße

Brenkenstraße *Wewer* *P 6*
1973
Nach der Familie von Brenken, seit 1515 in Wewer ansässig. Mit den ausgestorbenen Familien von Krewet(t), von Stapel, und der Familie von Haxthausen „die vier Säulen, edlen Meier und Vögte des Hofstiftes Paderborn" genannt.
Siehe auch Krewettstraße und Stapelstraße.

Breslauer Straße *Kernstadt* *NO 8,9*
1964
Breslau: Hauptstadt der früheren preußischen Provinz Niederschlesien. Polnisch: *Wroclaw.*

Breslauer Straße *Sande*
siehe Brieger Straße

Brieger Straße *Sande* *G 3*
1976
Brieg: Kreisstadt im ehemaligen Regierungsbezirk Breslau, Niederschlesien. Polnisch: *Brzeg.*
1969-1976: *Breslauer Straße*, siehe ebd.

Brigittenstraße *Kernstadt* *O 11*
1958
Brigitte (auch Brigida): Irische Nationalheilige, gestorben 523. Brigidakapelle im Atrium des Paderborner Domes, erstmals 1047 genannt.

Brockhusener Straße *Neuenbeken* *H 18,19*

1970

Brockhusen: 1036 als Vorwerk des bischöflichen Haupthofes Beken genannt.

Bruchgarten *Wewer* *Q 5*

1970 u. 1996

Nach einem Flurnamen. Bruch: feuchtes, sumpfiges Gelände. Bis 1970: *Gartenweg.*

Bruchstraße *Elsen*

siehe Elser Bruch

Bruchstraße *Kernstadt*

siehe Salierstraße

Bruchstraße *Sande*

siehe Sander-Bruch-Straße

Bruchweg *Wewer*

siehe Im Bruchhof

Brückengasse *Kernstadt* *M 10 (c 2)*

1978

Überbrückte und überbaute Verbindung Alte Torgasse mit der Königstraße.

Brüderstraße *Kernstadt* *N 11*

[1902]

Nach dem südlich angrenzenden Brüderkrankenhaus, das von 1902-1966 von den Barmherzigen Brüdern von Trier betreut wurde. Ab 1966 als St. Josef-Krankenhaus unter der Leitung der Schwestern vom kostbaren Blute. 1997 wieder von den Barmherzigen Brüdern von Trier übernommen mit dem Namen Brüderkrankenhaus St. Josef.

Bruktererweg *Kernstadt* *K 11,12*

1959

Brukterer: Germanischer Volksstamm.

Brunnenstraße *Benhausen* *J 16*
1972
Führte zum Brunnen (Sout) auf dem Meierhof am Ende der ehemaligen Sackstraße. Der Brunnen befindet sich heute unter der Garage Henning.
Ältere Bezeichnung: *Ennebudik*, nd. Blinddarm.

Buchenweg *Wewer*
siehe Meerschlag

Buchholz *Neuenbeken* *H 19,20*
1970
In einer Forstbeschreibung 1727 bereits als „Kleines Buchholz" erwähnt.

Bücklerweg *Marienloh* *FG 13-16*
1969
Nach einem Flurnamen.
Bis 1969: *Steinweg*.

Bühlenholz *Elsen* *K 4*
1990
Nach einem Flurnamen.

Bühner Weg *Kernstadt* *N 14*
1983
Bühne: Ortschaft im südöstlichen Teil des Kreises Höxter, Stadt Borgentreich.

Bükers Wiesen *Elsen* *H 3*
1998
Familie Büker war Eigentümerin der umliegenden Grundstücke.

Bürener Weg *Kernstadt* *N 14*
1983
Büren: Stadt im Süden des Kreises Paderborn. Ehemalige Kreisstadt.

Buerkamp *Wewer* *Q 5*
1970
Nach einem Flurnamen.
Siehe auch Am Biekenkamp.

Builweg *Wewer* *Q 6*
1970
Volksmundlich Buil: Sack, Beutel.

Bukhove *Neuenbeken* *GH 19,20*
1970
Nach einem Flurnamen, Bukhove: Ländereien (Hufen) im Buchenwald.
Alte Bezeichnung: *In Boikhoven,*
Urkataster 1829: *Bockhöfen.*

Bulgarenweg *Kernstadt*
siehe Dr.-Mertens-Weg

Bunzlauer Straße *Kernstadt* *N 9*
1976
Bunzlau: Kreisstadt in der früheren preußischen Provinz Niederschlesien. Polnisch: *Boleslawiec.*

Burgunder Weg *Kernstadt* *K 11*
1966
Burgunder: Germanischer Volksstamm.

Bursfelder Weg *Kernstadt* *N 12,13*
1960
Nach dem 1093 in Bursfelde an der Oberweser gegründeten Benediktinerkloster, 1542 infolge der Reformation aufgehoben. Die Kirche wird heute von einer protestantischen Kirchengemeinde genutzt.

Buschweg *Elsen*
siehe Mühlenheide

Busdorfgasse *Kernstadt*
siehe Laurentiusgasse

Busdorfmauer *Kernstadt* *M 11 (b-d 5)*

1897

Nach der mittelalterlichen Stadtmauer vor dem ehemaligen Busdorfstift.

Siehe auch Am Busdorf.

Busdorfwall *Kernstadt* *M 11 (b-d 5)*

1897

Mittelalterliche Wallbefestigung mit Stadtgraben vor dem ehemaligen Busdorfstift. 1906 wurden die Reste des Stadtgrabens zugeschüttet.

Siehe auch Am Busdorf.

1937-1945: *Fritz-Homann-Wall,* Fritz Hohmann, 1891-1937, NSDAP-Funktionär, Landrat des Kreises Paderborn 1935-1937.

Siehe auch Josef-Temme-Weg.

Busestraße *Schloß Neuhaus* *H 7 (g 1)*

1938

Johannes Buse, 1876-1925, Neuhäuser Heimatdichter.

Alte Bezeichnung: *Neue Straße.*

Bussardweg *Kernstadt* *LM 15*

1976

Bussard: Greifvogel, Falkenart.

1959-1976: *Falkenweg,* siehe ebd.

Cäcilienstraße *Schloß Neuhaus* *J 7 (g 1)*

1963

Cäcilie: Heilige, als Märtyrerin gestorben um 230, Patronin der Kirchenmusik.

Carl-Diem-Straße *Elsen* *K 6*

1976

Carl Diem, 1882-1962, Sportpädagoge, 1920 Mitbegründer der Deutschen Hochschule für Leibesübungen, Organisator der XI. Olympischen Spiele 1936 in Berlin, Gründer der Sporthochschule Köln 1947.

1962-1976: *Jahnstraße*, siehe ebd.

Clemens-August-Straße *Kernstadt* *LM 10 (b 1)*

[1910]

Clemens August, Herzog von Bayern, 1700-1761, Fürstbischof von Paderborn 1719-1761. 1719 Bischof von Münster, 1723 Erzbischof von Köln, 1724 Administrator von Hildesheim, 1728 Postulation zum Administrator von Osnabrück. Von ihm stammt die prachtvolle Ausstattung des Schlosses in Neuhaus. Zur 900-Jahr-Feier der Übertragung der Reliquien des hl. Liborius von Le Mans nach Paderborn stiftete er die Libori-Bruderschaft, die noch heute besteht.

Clemens-August-Straße *Schloß Neuhaus*

siehe Wittlerstraße

Cheruskerstraße *Kernstadt* *L 11,12*

[1910]

Cherusker: Germanischer Volksstamm.
Siehe auch Arminiusstraße.

Christine-Koch-Straße *Elsen* *H 4*

1976

Christine Koch, 1869-1951, Lehrerin, westfälische Mundartdichterin.

Christoph-Tölle-Straße *Kernstadt* *L 12*

1977

Christoph Tölle, 1898-1977, Kreissparkassenrendant. Bürgermeister der Stadt Paderborn 1946-1968, CDU-Abgeordneter im Landtag NRW 1950-1966. 1968 Verleihung des Ehrenbürgerrechts der Stadt Paderborn und des Titels „Altbürgermeister".

[1931]-1977: *Elisabethstraße,* Elisabeth, Landgräfin von Thüringen, 1207-1231, Heilige (1235), Patronin der Armen.

Complimentenstraße *Schloß Neuhaus*

siehe Sertürnerstraße

Contzenhof *Schloß Neuhaus* *G 8*

1986

Johann Wilhelm Contzen, 1782-1849, Gutsbesitzer eines

Gräftenhofes an der Hatzfelder Straße bis 1849. Laut Testament von 1843 vererbte er den Hof der Gemeinde Neuhaus. Gräfte = Wassergraben.

Corveyer Weg *Kernstadt* *N 13*

1960

Nach dem 822 gegründeten Benediktinerkloster Corvey an der Weser, Stadt Höxter. Im 9. -11. Jh. bedeutendste Klosterstätte im alten Sachsenland. 1998 Vorschlag zum Weltkulturerbe der Menschheit.

Cromptonstraße *Elsen* *JK 5*

1976

Samuel Crompton, 1753-1827, Erfinder der Feinspinnmaschine; starb in Bolton (England), Partnerstadt von Paderborn und Le Mans seit 1975.

1972-1976: *Elisabethstraße,* siehe Christoph-Tölle-Straße.

Csilla-von-Boeselager-Straße *Schloß Neuhaus* *G 7*

1995

Csilla Freifrau von Boeselager, 1941-1994, Vorsitzende des Ungarischen Malteser-Caritas-Dienstes e.V., ging als „Engel von Budapest" in die Geschichte der deutschen Wiedervereinigung 1990 ein.

Dahler Heide *Dahl* *O 17-19*

1976

Nach einem Flurnamen.

Bis 1976: *Auf der Heide.*

Dahler Straße *Neuenbeken*

siehe Am Henkelberge

Dahler Weg *Kernstadt* *NO 13-15*

1897

Führt von Paderborn zum Stadtteil Dahl. Teilstück der Landstraße 813. Bis zum Ausgang des 18. Jh.: *Rippinger Weg.* Siehe auch Am Rippinger Weg.

Dahlienweg *Kernstadt* *K 12*

1964

Dahlie (auch Georgine): Gartenstaude.

Dalheimer Weg *Kernstadt* *MN 13*

1965

Nach dem im 1264 gegründeten Augustinerinnenkloster (seit 1429 Augustiner-Chorherren) Dalheim, Stadt Lichtenau.

Damaschkestraße *Kernstadt* *MN 8*

1950

Adolf Damaschke, 1865-1935, Sozialreformer.

1962 verlängert nach Süden.

Danziger Straße *Schloß Neuhaus* *D 7*

1969

Danzig: Stadt und Ostseehafen vor der Danziger Bucht. 1920 durch Versailler Vertrag als „Freie Stadt Danzig" selbständiger Staat. 1939 Wiedervereinigung mit dem Deutschen Reich. Polnisch: *Gdánsk.*

Daseburger Weg *Kernstadt* *M 14*

1983

Daseburg: Ortschaft im südlichen Teil des Kreises Höxter, Stadt Warburg.

Deichsberg *Elsen* *K 4*

1962

Nach einem Flurnamen.

Deipe Laake *Elsen* *LM 2-4*

1962

Nach einem Flurnamen. Lake: Lache; niedrige, sumpfige Wiese.

Deipenweg *Schloß Neuhaus* *GH 8,9*

[um 1960]

Deipe: Tiefgründige Senke, früher als Viehtränke genutzt. Infolge ständiger Viehtrift war der Weg tief und morastig; er war ein deipen (= tiefer) Weg.

Delbrücker Weg *Wewer* *P-R 4,5*

1970

Teil der alten Wegeführung nach Delbrück. Delbrück: Stadt im westlichen Teil des Kreises Paderborn.

Delpstraße *Kernstadt* *L 8*

1960

Alfred Delp, 1907-1945, Jesuitenpater. Widerstandskämpfer gegen den Nationalsozialismus. 1945 hingerichtet.

Derenthalstraße *Schloß Neuhaus* *G 7,8*

1976

Joseph Derental, 1770-1849, katholischer Pfarrer in Neuhaus 1815-1842.

1956-1976: *Meinolfusstraße*, siehe auch Meinolfstraße.

Dessauer Straße *Kernstadt* *P 9*

1956

Dessau: Stadt an der Elbe und Mulde, Bundesland Sachsen-Anhalt.

Dessauer Weg *Schloß Neuhaus*

siehe Paul-Löbe-Straße

Detmolder Straße *Kernstadt und Marienloh* *E-L 11-14 (a 4,5)*

1897

Führt von Paderborn nach Detmold. Teilstück der Kreisstraße 38 und ehemaligen Bundesstraße 1. Detmold: Bezirkshauptstadt des gleichnamigen Regierungsbezirkes, Kreisstadt des Nachbarkreises Lippe.

Detmolder Tor *Kernstadt*

siehe Heierstor

Dickenbusch *Dahl* *P 18*

1976

Nach einem Flurnamen, Dickenbusch: Dichtes Gebüsch.

Dicke Riege *Schloß Neuhaus* *E 7*

1992

Nach einem Flurnamen. Riege = Reihe.

Diebesweg *Marienloh und Schloß Neuhaus* *B-G 10-12*

1938

Alter Senneweg, in früheren Jahrhunderten eine kürzere Verbindung vom Sennehellweg (Bielefelder Hellweg) zum Großen Hellweg Paderborn-Driburg.

Deutung: Tiefer Weg, der die Sennebachschluchten schnitt.

Die Kuhtrift *Benhausen*

siehe Dörenerholz Weg

Dielenstraße *Kernstadt*

siehe Auf den Dielen

Dierksstraße *Elsen* *J 4*

1976

Anton Franz Friedrich Dierks (auch Diercks) 1854-1933, Hauptlehrer in Elsen 1882-1915, Gründer des Elsener Kirchenchores 1883.

1964-1976: *Liboriusstraße,* siehe Liboristraße.

Dietrich-Bonhoeffer-Straße *Kernstadt* *LM 8*

1972

Dietrich Bonhoeffer, 1906-1945, evangelischer Theologe. Widerstandskämpfer gegen den Nationalsozialismus. 1945 im Konzentrationslager hingerichtet.

Dietrichstraße *Schloß Neuhaus* *E-G 8-11*

1977

Dietrich IV. (Theodor) von Fürstenberg, 1546-1618, Fürstbischof von Paderborn 1585-1618. Begründer des Jesuitenkollegs 1592, Grundsteinlegung zum heutigen Gymnasium Theodorianum 1612, Gründung der Jesuitenuniversität 1614 (älteste Universität Westfalens) und Vollender des Neuhäuser Residenzschlosses. Grabdenkmal im Paderborner Dom von Heinrich Gröninger.

1938-16.12.1976: *Fürstenbergweg,*

16.12.1976-22.3.1977: *Im Torfstich*, im 19. Jh. wurde im Neuhäuser Ortsteil Mastbruch Torf gestochen.

Siehe auch Theodorstraße.

Elsen: Salzkottener Straße mit Gut Warthe, 1904

Die Trift — *Benhausen*

siehe In der Drift

Dionysiusstraße — *Elsen* — *K 5*

1962

Dionysius, um 257 enthauptet, Heiliger, Märtyrer; erster Bischof von Paris, Patron der St.-Dionysius-Pfarrkirche in Elsen.

Dirksfeld — *Sande* — *F 3*

1976

Nach dem ehemaligen Dirksmeyerhof. 1993 Ausbau eines Teilstückes nach Osten.

1969-1976: *Schulstraße*, nach der anliegenden Grundschule Sande.

Dörenerholzweg — *Benhausen* — *H-K 14-16*

1970

Nach dem ursprünglich bewaldeten Gebiet Dörnerholz.

1829: *Die Kuhdrift*, Weg zum Weideauftrieb für das Vieh.

Dörener Platz *Kernstadt* *L 11*

[1931]
Dören (Auf dem Dören): Alte Siedlung in der nordöstlichen Feldmark, im Mittelalter auch Dornethe genannt.
Siehe auch Dörener Weg.

Dörener Weg *Kernstadt* *KL 11,12*

[1895] 1897
Siehe Dörener Platz.

Dörenhagener Weg *Kernstadt* *N 13*

1972
Dörenhagen: Ortschaft im östlichen Teil des Kreises Paderborn, Gemeinde Borchen.

Dörenkamp *Schloß Neuhaus* *C 10*

1938
Nach einem Flurnamen und dem vor der Einrichtung des Truppenübungsplatzes dort gelegenen Hof Dörenkamp.
Siehe auch Am Biekenkamp.

Dr. Everken-Weg *Kernstadt* *N 11*

1976
Dr. Hermann Josef Everken, 1816-1875, Direktor der Hebammenschule Paderborn 1845-1875.
1959-1976: *Wagenfeldstraße,* Karl Wagenfeld, 1896-1939, Lehrer, bedeutender niederdeutscher Dichter; Begründer des Westfälischen Heimatbundes (1915).

Dr. Grasso-Straße *Schloß Neuhaus* *J 8*

1976
Dr. med. Philipp Joseph Grasso, 1765-1850, Medizinalrat, Landarzt in Neuhaus 1811-1850, erster Badearzt in Bad Lippspringe.
1938-1976: *Grüner Weg,* siehe ebd.

Dr. Mertens-Weg *Kernstadt* *J 12*

1947
Dr. phil. Konrad Mertens, 1836-1905, katholischer Theologe und Historiker. Absolvent des Gymnasium Theodorianum.

Direktor des Vereins für Geschichte und Altertumskunde Westfalens, Abteilung Paderborn 1880-1905.
1917-1947: *Bulgarenweg*, Zur Erinnerung an den Vierbund; im August 1914 zwischen dem Deutschen Reich, Österreich-Ungarn und dem Osmanischen Reich (Türkei) abgeschlossen; im September 1915 Beitritt Bulgariens.

Dr.-Rörig-Damm *Kernstadt* *G-K 10,11*

1947
Dr. med. Anton Rörig, 1852-1915, volkstümlicher Paderborner Arzt, Pionier und Opfer der Röntgenstrahlenforschung.
17. Jh.: Teilstück der Cöllnischen Landstraße, Abzweigung des Großen Hellweges über Horn nach Braunschweig. Bis 1844 (siehe auch Detmolder Straße und Tegelweg) Teilstrekke des Postweges nach Horn und Detmold.
1897-1917: *Schinkendamm*,
Deutung: Faschinendamm (Faschinekendamm), mit Bohlen und Flechtwerk befestigter Damm.
1917-1947: *Hindenburgdamm*, Paul von Benekendorf und von Hindenburg, 1847-1934, preußischer Offizier; 1914 Generalfeldmarschall, Chef des Generalstabs des Feldheeres 1916-1919, Reichspräsident 1925-1934.
Siehe auch Schatenweg.

Dr. Vockel-Straße *Schloß Neuhaus* *H 8*

1968
Dr. Heinrich Vockel, 1892-1968, geboren in Neuhaus, Absolvent des Gymnasium Theodorianum, 1922 Generalsekretär der Deutschen Zentrumspartei, 1930 Mitglied des Deutschen Reichstages, Bevollmächtigter der Bundesrepublik Deutschland in Berlin 1950-1962. 1962 Ehrenbürger der Gemeinde Schloß Neuhaus.

Dr. Wurm-Straße *Schloß Neuhaus* *H 8*

1969
Dr. Hermann Joseph Wurm, 1862-1941, katholischer Theologe und Historiker, Pfarrer in Neuhaus 1911-1941; 1932 Dechant des Dekanats Delbrück, 1936 Geistlicher Rat, 1937 Ehrendomherr; Direktor des Vereins für Geschichte und Altertumskunde Westfalens, Abteilung Paderborn 1924-1938.

Domgäßchen *Kernstadt* *M 11 (b 4)*

Spätes Mittelalter
Ursprünglich Verbindungsweg zwischen Dom und Kapuzinerkloster.
1831: *Kapuzinergasse.*

Domplatz *Kernstadt* *M 11 (C 4)*

[1885] 1897
Platz vor dem Dom.

Dompropsteigasse *Kernstadt* *M 11 (b 4)*

[1889]
Nach der anliegenden alten, 1593 von Dompropst Brabeck unter Benutzung mittelalterlicher Baureste errichteten Dompropstei.

Domweg *Kernstadt* *MN 12*

1935
Auf dem Weg von der Schönen Aussicht talwärts hatte man einen guten Ausblick auf die Stadt und auf den Dom.

Dorfstraße *Wewer* *Q 5*

1970
Nach der zentralen Lage im alten Dorf.
Alte Bezeichnung: *Peitz Knapp*, nach der dort ansässigen Familie Peitz; Knapp = Hügel.
Haus Nr. 16-20, 22 und 28 bis 1970: *Bergstraße*, nach der geographischen Lage.

Dragonerweg *Schloß Neuhaus* *C 7*

1973
Dragoner: Truppengattung.

Dreihausen *Sande* *BC 6*

1969
Wohnplatz, Ortsteil von Sande.

Drekstrate *Kernstadt*

siehe Kuhgasse

Driburger Chaussee *Kernstadt*
siehe Driburger Straße

Driburger Straße *Kernstadt* *LM 11-17 (b 5)*
1897
Führt von Paderborn nach Bad Driburg. Teilstück der ehemaligen Bundesstraße 64. Bad Driburg: Badeort im östlichen Eggegebirge, Kreis Höxter. Die Driburger Straße liegt im Verlauf des Großen Hellweges vom Niederrhein nach Magdeburg.
Bis in das 19. Jh.: *Hellweg.*
[1892]: *Driburger Chaussee.*

Driftweg *Schloß Neuhaus*
siehe Hatzfelder Straße

Dringenberger Weg *Kernstadt* *N 13*
1967
Dringenberg: Ortschaft im südwestlichen Teil des Kreises Höxter, Stadt Bad Driburg.

Drosselweg *Schloß Neuhaus* *F 8,9*
1967
Drossel (Amsel): Großer Singvogel, ursprünglich scheuer Waldvogel.
Siehe auch Amselweg.

Drosselweg *Elsen*
siehe Birkhahnweg

Drosselweg *Kernstadt*
siehe Wilseder Weg

Druheimer Straße *Neuenbeken* *GH 19*
1970
Druheim (Droheim): Ehemals fränkische Siedlung im königlichen Wald, Wüstung im 15. Jh.

Dubelohstraße *Kernstadt und Schloß Neuhaus* *F-K 8,9*
1963, 1969

Nach einem Flurnamen, Douwenlau (Duvenlau), Dubeloh: Wald- und Flurgelände am Nordrand der Stadtheide bis zur Senne. Douve (Dube) = Taube, Loh (Lau) = Wald: Taubenwald.
Stadtteil Paderborn Kernstadt:
Teilstück vom Fürstenweg bis zur Gemarkungsgrenze (ehemaliger Dubelohgraben) an den Fischteichen [1892] - 1976: Thuner Weg, siehe ebd.
Stadtteil Schloß Neuhaus:
Teilstück von der Gemarkungsgrenze (ehemaliger Dubelohgraben) an den Fischteichen bis zum Schatenweg 1938-1963: *Dubelohweg*.
Teilstück zwischen Hatzfelder Straße und Husarenstraße 1938-1963: *Seydlitzweg*, siehe auch Seydlitzstraße.
Teilstück zwischen Schatenweg und Hatzfelder Straße 1962-1963: *Seydlitzweg*, siehe auch Seydlitzstraße.
1969: Durchlegung der Dubelohstraße bis Bielefelder Straße.
Teilstück von der Einmündung Reiterpfad (ehemals Habichtsweg) bis Thuner Weg 1938-1969: *Reiterpfad*, siehe ebd.

Dümmerweg *Schloß Neuhaus* *G 7,8*
1938, 1962
Nach einem Flurnamen; Bezeichnung eines ehemaligen Teiches, Dümmer- oder Bresenteich. Dümmer = feuchtes, nasses Gelände.
Ursprünglicher Verlauf von der Hatzfelder Straße bis zur Bielefelder Straße.
Teilstück von der Hatzfelder Straße bis Bahnkreuzung (heute Fußgängerübergang) 1962: Josef-Temme-Weg, siehe ebd.
Teilstück von der Bahnkreuzung (heute Fußgängerübergang) bis Memelstraße 1962: Dümmerweg.

Düsterngasse *Kernstadt*
siehe Im Düstern

Dumach *Neuenbeken* *H 19*
1970
Dumach: Zaun-Hecke, Begrenzung der Patrimonialgerichtsbarkeit; früher mit dem Besitz eines Gutes (Rittergutes) verbundene niedere Gerichtsbarkeit, im Laufe des 19. Jahrhunderts abgeschafft.

Dune *Neuenbeken* *H 21,22*

1970

Dune: Zäune, Scheide des mittelalterlichen Siedlungs- und zugleich Gogerichtsbereichs gegen den königlichen Wald.

Ebbinghausener Weg *Kernstadt* *N 15*

1983

Ebbinghausen: Ortschaft im südlichen Teil des Kreises Paderborn, Stadt Lichtenau.

Eckardtstraße *Schloß Neuhaus* *H 7 (g 2)*

1893

Oskar Eckardt, 1852-1922, Amtmann des Amtes Neuhaus 1879-1913. 1913 Ehrenbürger der Gemeinde Neuhaus.

Eckstraße *Kernstadt* *M 10 (c 1,2)*

1897,1962

Nach ihrem winkligen Verlauf. 1961/62 entstand die Bahnunterführung für die neue Trasse der Borchener Straße zum Westerntor. Die Verlängerung der Eckstraße nach Osten bis zur Bahnunterführung für Fußgänger wurde 1962 ebenso benannt.

Teilstück zwischen Bahnunterführung und Le-Mans-Wall = Le-Mans-Wall Hs. Nr. 21 a, 1897-1962: *Ludwigstraße*.

Eduard-Benteler-Straße *Schloß Neuhaus*

siehe Marienloher Straße

Eggertstraße *Kernstadt* *L 14*

1983

Eggert: Bedeutende Paderborner Orgelbauanstalt 1845-1902, baute über zwei Generationen Orgeln im Paderborner Land. Nachfolger der Firma Eggert war die Firma Feith, der später die Firma Sauer folgte.

Eggestraße *Benhausen* *JK 16, 17*

1972

Egge: Eggegebirge, südliche Fortsetzung des Teutoburger Waldes. Teilstück der Landstraße 755.

1829: Teilstück in der Gemarkung Benhausen: *Totenweg*, Weg von Benhausen zum Kirchhof nach Neuenbeken.

Bis 1972: *Hauptstraße*.

Eibenweg *Kernstadt* *KL 12*
1982
Eibe (Taxus): Baumgattung.

Eichendorffstraße *Schloß Neuhaus*
siehe Sperberweg

Eichengrund *Elsen* *J 4*
1990
Nach einem Flurnamen.

Eichenstraße *Elsen* *JK 4*
1962
Nach dem in der Nähe vorhandenen Eichenwäldchen.

Eichenwäldchen *Elsen* *JK 4*
1985
Nach dem in der Nähe vorhandenen Eichenwäldchen.

Eichenweg *Sande*
siehe Rodenbruch

Eichsfelder Straße *Elsen* *H 5*
1965
Eichsfeld: Landschaft südwestlich des Harz. Nach 1945 wurden an der Straße mehrere Familien aus dem Eichsfeld angesiedelt.
Siehe auch Renkumer Weg.

Eichsfelder Weg *Kernstadt*
siehe Renkumer Weg

Einhardstraße *Kernstadt* *N 10*
[1910]
Einhard, 770-840, Freund und Ratgeber Karls des Großen. Verfasser der „Vita Caroli Magni", der Lebensbeschreibung Karls des Großen, die wichtige Nachrichten aus der Frühzeit Paderborns vermittelt.

Einsteinstraße *Schloß Neuhaus* *DE 6,7*

1972

Albert Einstein, 1879-1955, Physiker, Begründer der Relativitätstheorie, 1921 Nobelpreis für Physik.

Eisenacher Weg *Kernstadt* *J 11*

1984

Eisenach: Thüringische Kreisstadt am Nordwestrand des Thüringer Waldes.

Eiser Weg *Elsen* *LM 2*

1984

Teilstück eines frühen Transportweges für Produkte der Elsener Kettenschmiede.

1962-5.5.1983: Eiser Weg, 5.5.1983-6.4.1984: ohne Bezeichnung, 6.4.1984 wiederbenannt.

Siehe auch Zur Kettenschmiede.

Eisteich *Kernstadt* *J 12*

1982

Um 1900 wurde in diesem Bereich für die Paderborner Brauerei zur Kühlung der Biervorräte Eis gebrochen.

Elisabeth-Flören-Winkel *Wewer* *P 5*

1996

Elisabeth Poganiuch-Flören, 1907-1982, westfälische Mundartdichterin aus dem Stadtteil Wewer.

Elisabethstraße *Schloß Neuhaus* *E 7*

1972

Nach Elisabeth II., Königin von Großbritannien. Zur Erinnerung an den Besuch der Königin in Schloß Neuhaus im Mai 1965.

Bis 1972: *Kleine Bahnhofstraße*.

Elisabethstraße *Kernstadt*

siehe Christoph-Tölle-Straße

Elisabethstraße *Elsen*

siehe Cromptonstraße

Sennelager: Bielefelder Straße von Süden, vor 1962

Elisenhof *Kernstadt* *N 9*

1980

Nach einem alten Hofnamen.

Ellersteg *Dahl* *P 19*

1976

Nach der bei Schwaney am Südhang des Eggegebirges entspringenden (periodisch trocken fallenden) und bei Nordborchen in die Altenau mündenden Eller. Steg: Schmale Brücke.

Ellerstraße *Dahl* *PQ 19-21*

1977

Siehe Ellersteg. Teilstück der Landstraße 813.

16.12.1976-22.3.1977: *Ellerbachstraße,* Änderung der Schreibweise.

Ellerwinkel *Dahl* *P 19*

1976

Siehe Ellersteg.

Elsa-Brändström-Weg *Kernstadt* *J 11*

[1937/38]

Elsa Brändström, 1888-1948, Schwedin. Organisierte im 1. Weltkrieg das Hilfswerk für deutsche und österreichisch-ungarische Kriegsgefangene in Rußland (Engel von Sibirien).

Elsanastraße *Elsen* *H 5*

1976

Elsana: Markenname für Erzeugnisse (Jaucheverteiler, Förderpumpen, Räucherschränke, Kochkessel u. a.) der von 1912 bis 1934 in Elsen an der Wewerstraße ansässigen Firma „Josef Craesmeyer, Fabrik landwirtschaftlicher Geräte".

1964-1976: *Mallinckrodtstraße*, siehe ebd.

Elsässer Weg *Kernstadt* *K 11*

1917

Nach den Bewohnern des Elsaß/Oberrhein.

Östliches Teilstück bis 1969: *Badener Weg.*

Elsener Straße *Kernstadt* *L 8,9*

1897

Führt von Paderborn zum Stadtteil Elsen.

Alte Bezeichnung: *Elser Weg.*

Elsener Straße *Elsen und Schloß Neuhaus*

siehe Verner Straße

Elsener Straße *Sande*

siehe Sander Straße

Elsener Straße *Wewer*

siehe Kleestraße

Elser Bruch *Elsen* *H 4,5*

1976

Nach einem Flurnamen.

1962-1976: *Bruchstraße*, nach einem Flurnamen.

Bruch: Feuchtes, sumpfiges Gelände.

Elser Heide *Elsen* *J 3,4*

1976

Nach einem Flurnamen; ursprünglich Heidegebiet.

1962-1976: *Heidestraße*.

Elser Hude *Elsen* *J-N 2,3*

1976, 1983

Nach einem Flurnamen, Teilstück der Kreisstraße 28.
1962-1976: *Hudeweg*, Hude = Weidefläche.

Elser Kirchstraße *Elsen* *K 5*
1976
Alter Kirchweg zur St. Dionysius-Pfarrkirche.
1962-1976: *Kirchstraße.*

Elser Weg *Kernstadt*
siehe Elsener Straße

Elverer Straße *Neuenbeken* *H 18*
1970
Elvere: 1036 als Vorwerk des bischöflichen Haupthofes Beken genannt.

Emilie-Rosenthal-Weg *Schloß Neuhaus* *J 7,8 (g 2)*
1995
Die sozial sehr engagierte jüdische Familie Rosenthal war ab 1873 Eigentümerin der Neuhäuser Mühle. Bis 1938 gehörten ihr auch Teile der Pauderaue. Emilie Rosenthal kam 1943 im Ghetto Theresienstadt um.

Emmastraße *Kernstadt* *NO 11*
1958
Emma von Imme(n)dingen, gestorben 1038, Schwester Bischof Meinwerks und Mutter des Bischofs Imad.
Siehe auch Immendinger Straße.

Enebudik *Benhausen*
siehe Brunnenstraße

Engernweg *Kernstadt* *K 11,12*
1948
Nach den zum sächsischen Stammesverband gehörenden Engern (Angrivarier).
[1937/38]: *Hoher Weg.*

Entenstraße *Elsen*
siehe Blumenstraße

Enzianweg *Kernstadt* *L 15*
1991
Enzian: Heilpflanze.

Erikaweg *Sande* *F 2*
1972
Erika: Kleinstrauchiges Heidekrautgewächs.

Erlenbusch *Sande* *F 3*
1972
Erle: Baumgattung.
1993 Verlängerung nach Süden bis Dirksfeld.

Erlenweg *Kernstadt* *K 10*
1960
Erle: Baumgattung.

Erlenweg *Elsen*
siehe Sanddornweg und Schlehdornweg

Ernst-Reuter-Straße *Schloß Neuhaus* *H 8*
1968
Ernst Reuter, 1889-1953, sozialdemokratischer Politiker, 1932 Mitglied des Deutschen Reichstages, nach 1933 politisch verfolgt. Seit 1947 Oberbürgermeister von Berlin, 1950-1953 Regierender Bürgermeister von West-Berlin.

Ernststraße *Elsen*
siehe Konrad-Ernst-Straße

Erwin-Rommel-Straße *Kernstadt* *J 10,11*
1970
Erwin Rommel, 1891-1944, Offizier, 1942 Generalfeldmarschall. Gehörte zur Widerstandsgruppe gegen den Nationalsozialismus. 1944 von Hitler zum Selbstmord gezwungen.

Erwin-Rommel-Straße *Schloß Neuhaus*
siehe Roonstraße

Erzbergerstraße *Kernstadt* *LM 8, 9*

1947

Matthias Erzberger, 1875-1921, Zentrumspolitiker, Abgeordneter des Reichstages, 1919-1920 Reichsfinanzminister. 1897-1947: *Roonstraße*, siehe ebd.

Eschenweg *Schloß Neuhaus* *EF 6*

1962

Esche: Baumgattung; auch nach dem Anliegerhof Eschenbüscher.

Escherfeld *Elsen* *JK 1*

1978

Nach einem Flurnamen, der auf das erstmalig 1036 urkundlich erwähnte, bisher nicht näher lokalisierbare Vorwerk „Ascha" des bischöflichen Haupthofes Nyenhus (Neuhaus) zurückgeht.

Eselgasse *Kernstadt*

siehe Michaelstraße

Espenweg *Kernstadt* *K 10*

1976

Espe: Baumgattung.
1967-1976: Fasanenweg, siehe ebd.

Estkowskistraße *Kernstadt* *J 10*

[Mitte 1920]

Stefan Estkowski, 1852-1928, Geheimer Baurat, war maßgeblich am Entwurf und Bau des Eisenbahnausbesserungswerkes Paderborn-Nord beteiligt (1911).

Ettelner Weg *Kernstadt* *N 14, 15*

1983

Etteln: Ortschaft im südlichen Teil des Kreises Paderborn, Gemeinde Borchen.

Eusterholzbruch *Elsen* *J 5*

1987

Nach einem Flurnamen und dem Hof Eusterholz (später Altrogge) genanntes feuchtes Wiesengelände.

Eutiner Weg *Kernstadt* *H 10*

1978

Eutin: Kreisstadt des Kreises Ostholstein.

Eversweg *Schloß Neuhaus* *C 7*

1995

Gottfried Evers, 1763-1815, katholischer Pfarrer in Neuhaus 1798-1815, Begründer der Thuneschule in Sennelager 1803.

Ewaldstraße *Sande und Schloß Neuhaus*

siehe Pater-Ewald-Straße

Fabriciusstraße *Schloß Neuhaus* *H 7 (e 2)*

1959

Carl Fabricius, Lebensdaten unbekannt, Sohn eines Paderborner Stadtsekretärs, Hofmaler unter Fürstbischof Ferdinand von Fürstenberg (1661-1683) schuf von 1664-1668 die Altarbilder der Neuhäuser Pfarrkirche, sowie Großgemälde der wichtigsten Ortschaften des Hochstiftes für das Residenzschloß.

Falkenweg *Schloß Neuhaus* *E 8, 9*

1961

Falken: Greifvögel.

Falkenweg *Kernstadt*

siehe Bussardweg

Fanny-Nathan-Straße *Kernstadt* *N 12*

1977

Fanny Nathan, 1803-1877, Gründerin (1863) des jüdischen Waisenhauses für die Provinzen Westfalen und Rheinland in Paderborn.

Fasanenweg *Schloß Neuhaus* *EF 8*

1969

Fasan: Asiatischer Hühnervogel, seit dem Mittelalter in Europa als Jagdfasan verbreitet.

Paderborn: Riemekestraße von Osten, rechts Einmündung der Ferdinandstraße, 1910

Fechtelerstraße *Kernstadt* *LM 11, 12*

1948

Anton Fechteler, 1744-1821, Jesuit, Pfarrer der Marktkirchgemeinde Paderborn 1784-1821, Begründer der Knaben-Freischule 1796, aufgehoben 1886.

Feldmark *Elsen* *J 5, 6*

1985

Nach einem Flurnamen, früher Trennlinie der Elsener und Neuhäuser Feldmark.

1962-1985: *Am Fohling* (auch Forling), nach einem Flurnamen.

Feldmeiers Weg *Benhausen* *JK 17*

1987

Nach einer seit etwa 1900 im Volksmund gebräuchlichen Bezeichnung.

1974-1987: *Am Gottebach*, siehe ebd.

Feldstraße *Kernstadt*

siehe Meinolfstraße

Ferdinandstraße *Kernstadt* *LM 9, 10 (a-d 1)*

[1889] 1897

Ferdinand II. von Fürstenberg, 1626-1683, Fürstbischof von Paderborn 1661-1683. Einer der bedeutendsten Paderborner Bischöfe. Förderer von Kunst und Wissenschaft (Hofmaler Fabricius und Rudolphi); erbaute u. a. die Jesuitenkirche (heutige Marktkirche), die Franziskanerkirche und das Franziskanerkloster, die Pfarrkirche St. Heinrich und Kunigunde in Neuhaus. Verfasser der „Monumenta Paderbornensia".

Ferrariweg *Kernstadt* *K 9, 10*

[1931]

Andreas Georg Ferrari, 1769-1846, Kaufmann. 1803 Kommandeur der Bürgergarde, erster Kommandeur des 1831 gegründeten Paderborner Bürger-Schützen-Vereins 1831-1840.

Feuerdornwinkel *Schloß Neuhaus* *E 7*

1972

Feuerdorn: Pflanzengattung der Rosengewächse.

Finkenweg *Wewer* *Q 5*

1970

Finken: Singvögel.

Haus Nr. 13-15, 16 und 21-25 1970-1976:

Nachtigallenweg, siehe ebd.

Fischerkamp *Schloß Neuhaus* *GH 7*

1976

Nach einem Flurnamen.

Siehe auch Am Biekenkamp.

1938-1976: *Friedhofsweg*, nach dem anliegen alten Friedhof, 1833 eingerichtet, 1936 geschlossen.

Fixberg *Wewer* *R 5, 6*

1970

Nach einem Flurnamen.

Fleipensweg *Benhausen*

siehe Postweg

Fliederweg *Kernstadt* *K 12*

1965

Flieder: Zierstrauch.

Fliederweg *Sande*
siehe Irisweg

Flörenhof *Elsen* *K 5*
1990
Nach der Hofstätte der Familie Flören.

Florianstraße *Kernstadt* *M 10 (d 1)*
1976
Florian: Heiliger, starb um 304 den Märtyrertod, Schutzpatron der Feuerwehr. Standort der Feuerwache Mitte bis November 1997.
1897-1976: *Kirchstraße*, nach der anliegenden Herz-Jesu-Kirche (geweiht 1898).

Föhrenweg *Elsen* *HJ 5*
1976
Föhre (Kiefer): Baumgattung.
1973-1976: *Tannenweg*, siehe ebd.

Fölsener Weg *Kernstadt* *M 14*
1983
Fölsen: Ortschaft im südwestlichen Teil des Kreises Höxter, Stadt Willebadessen.

Fohling *Elsen* *JK 6*
1985
Nach einem Flurnamen (auch Forling).

Fontanestraße *Kernstadt* *L 13*
1964
Theodor Fontane, 1819-1898, Schriftsteller, Zeit- und Sozialkritiker.

Franckenbergallee *Kernstadt* *JK 9, 10*
1935
Franz Georg Franckenberg, 1822-1894, Bürgermeister der Stadt Paderborn 1872-1894. Franckenberg initiierte die Anlage der Fischteiche (1892) und die Aufforstung des umliegenden Geländes (Dubeloh).
Siehe auch Dubelohstraße.

Frankenweg *Kernstadt* *JK 10, 11*

1962

Nach dem westgermanischen Volksstamm der Franken.

Frankfurter Weg *Kernstadt* *N-P 8, 9*

1989

Teil eines mittelalterlichen Nord-Süd-Handelsweges von Hamburg und Bremen nach Frankfurt, in einer Urkunde von 1150 so genannt.

1955-9.2.1989: *Oberer Frankfurter Weg*, zwischen Borchener Straße und Bahnhofstraße.

1955-9.2.1989: *Unterer Frankfurter Weg*, zwischen Bahnhofstraße und Einmündung Am Hoppenhof.

Siehe auch Heinz-Nixdorf-Ring.

Frankfurter Weg *Kernstadt*

Siehe Heinz-Nixdorf-Ring

Frankfurter Weg *Schloß Neuhaus*

siehe Am Hoppenhof

Franz-Bals-Straße *Elsen* *J 4*

1962

Franz Bals, 1861-1935, katholischer Pfarrer der St. Dionysius-Pfarrgemeinde Elsen 1917-1935, Initiator des Kirchenerweiterungsbaus 1925/26. 1932 Ehrenbürger der Gemeinde Elsen.

Franz-Egon-Straße *Kernstadt* *LM 10 (bc 1)*

1897

Franz Egon von Fürstenberg, 1737-1825, letzter Fürstbischof von Paderborn bis 1802, Bischof von Paderborn 1789-1825.

Franz-Hitze-Straße *Kernstadt* *N 8*

1962

Dr. theol. Franz Hitze, 1851-1921, Schüler und Abiturient des Gymnasium Theodorianum in Paderborn, Sozialreformer, Mitglied des Reichstages ab 1884, Mitbegründer des „Volksverein für das katholische Deutschland", Professor für christliche Gesellschaftslehre in Münster 1893.

Franziskanergasse *Kernstadt* *M 10 (d 2, 3)*

1897

Nach dem anliegenden Franziskanerkloster.

Alte Bezeichnung: *Hinter den Franziskanern,* siehe auch Franziskanermauer.

Franziskanermauer *Kernstadt* *M 10 (d 2, 3)*

1897

Nach dem anliegenden Franziskanerkloster.

Alte Bezeichnung: *Hinter den Franziskanern,* siehe auch Franziskanergasse.

Franz-Kahmen-Straße *Schloß Neuhaus* *G 7*

1995

Franz Kahmen, 1897-1959, Lehrer, Rektor, Chorleiter und Organist in Neuhaus 1919-1959.

Franz-Kocks-Straße *Schloß Neuhaus* *G 9*

1987

Franz Kocks, 1890-1955, Hauptlehrer der Volksschule in Neuhaus-Mastbruch 1919-1953. Führte die Neuhäuser Ortschronik.

Franz-Stock-Platz *Kernstadt* *M 10 (c 3)*

1982

Franz Stock, 1904-1948, Priester der Erzdiözese Paderborn und Pfarrer der deutschen Katholiken in Paris. Gefangenenseelsorger französischer Widerstandskämpfer, Vorbild deutsch-französischer Verständigung nach dem 2. Weltkrieg.

Freihof *Wewer* *Q 5*

1976

Nach dem früheren Brokhof (Braukhof), einem mit Asylrechten belehnten Freihof.

1970-1976: *Kampweg,* siehe auch Am Biekenkamp.

Friedhofsweg *Marienloh*

siehe Bendeslo

Friedhofsweg *Schloß Neuhaus*

siehe Fischerkamp

Friedlandstraße *Elsen*
siehe Höpperteich

Friedlandstraße *Schloß Neuhaus*
siehe Von-Monteton-Straße

Friedlandweg *Kernstadt* *J 12*
1965
Friedland: Niedersächsische Ortschaft südlich Göttingen. Nach dem zweiten Weltkrieg Empfangs- und Durchgangslager für heimkehrende Kriegsgefangene und Flüchtlinge aus den Ostgebieten.

Friedrich-Ebert-Straße *Kernstadt* *MN 9*
1947
Friedrich Ebert, 1871-1925, erster deutscher Reichspräsident 1919-1925.
1897-1947: *Goebenstraße,* August von Goeben, 1816-1880, preußischer General.

Friedrich-Ebert-Straße *Elsen*
siehe Hollandweg

Friedrich-List-Straße *Kernstadt* *K-L 13, 14*
1980
Friedrich List, 1789-1846, bedeutender Volkswirt des 19. Jahrhunderts, 1817 Professor für Staatskunde, 1822 wegen Aufruhr gegen Staatseinrichtungen verurteilt, 1827 Auswanderung in die USA, 1830 Rückkehr als amerikanischer Konsul. 1925 Friedrich-List-Gesellschaft gegründet.

Friedrichstraße *Kernstadt* *M 10 (b-d 1, 2)*
[1889] 1897 und 1945
Friedrich III., 1831-1888, Deutscher Kaiser und König von Preußen 9.3.1888-15.6.1888 (99-Tage-Kaiser).
1938-1945: *Adolf-Hitler-Wall*, Adolf Hitler, 1889-1945, nationalsozialistischer Politiker, Reichskanzler 1933-1945.

Friedrich-von-Spee-Straße *Kernstadt* *MN 12*

1947

Friedrich Spee von Langenfeld, 1591-1635, Jesuit, 1623-1631 Professor der Philosophie und Moraltheologie an der Universität Paderborn; Dichter und Verfasser der „Cautio criminalis", einer Denkschrift gegen den Hexenwahn. Denkmal auf der Straße Kamp.

1938-1945: *Wilhelm-Rose-Weg*, Wilhelm Rose, 1869-1935, Tischler, Mitbegründer der NSDAP im Paderborner Land, ältester SA-Mann (Ober-Truppführer) im Kreis Paderborn.

1945-1947: *Ravensberger Weg,* Ravensberg: Ehemalige Grafschaft in Westfalen.

Friedrich-Wilhelm-Weber-Straße *Elsen* *KL 4*

1962

Friedrich Wilhelm Weber, 1813-1894, Arzt und Dichter, Absolvent des Gymnasium Theodorianum in Paderborn, preußischer Landtagsabgeordneter (Zentrumspartei) 1861-1893, Badearzt in Bad Lippspringe 1856-1865 und Arzt in Nieheim, Kr. Höxter 1887-1894. Bedeutendste Dichtung: „Dreizehnlinden" (1878).

Friesenweg *Kernstadt* *H 10*

1959

Nach dem germanischen Volksstamm der Friesen.

Friesenweg *Schloß Neuhaus*

siehe Alte Waage

Fritz-Homann-Wall *Kernstadt*

siehe Busdorfwall

Fröbelstraße *Kernstadt* *LM 12*

1976

Friedrich Wilhelm August Fröbel, 1782-1852, Pädagoge, Begründer der Kindergartenbewegung.

Verlängerung der Straße nach Süden 1984.

1940-1945: *Hans-Schemm-Straße*, Hans Schemm, 1891-1935, Volksschullehrer, nationalsozialistischer Politiker.

1945-1976: *Pestalozzistraße*, siehe ebd.

Frohnhauser Weg *Kernstadt* *N 14*

1984

Frohnhausen: Ortschaft im südlichen Teil des Kreises Höxter, Stadt Brakel.

Füllers Heide *Kernstadt* *G 11, 12*

1959,1987

Nach einem Flurnamen.

1959-1987: *Vüllers Heide,* Änderung der Schreibweise.

Fürstenallee *Kernstadt und Schloß Neuhaus* *JK 8, 9*

[1752]

Fahrweg der Fürstbischöfe von Paderborn zum Residenzschloß in Neuhaus.

1899-1976: Teilstück von der Einmündung der Dubelohstraße nach Norden bis zur Stadtteilgrenze (Blaue Brücke über die Kleine Pader) = Fürstenweg, siehe ebd.

Fürstenbergstraße *Kernstadt* *M 10 (cd 1)*

[1889] 1897

Von Fürstenberg: Altes westfälisches Adelsgeschlecht aus dem drei Paderborner Fürstbischöfe hervorgingen:

Dietrich IV. (Theodor) von Fürstenberg, 1585-1618, siehe auch Dietrichstraße und Theodorstraße; Ferdinand II. von Fürstenberg, 1661-1683, siehe auch Ferdinandstraße; Franz Egon von Fürstenberg, 1789-1825, siehe auch Franz-Egon-Straße.

Fürstenbergweg *Schloß Neuhaus*

siehe Dietrichstraße

Fürstenweg *Kernstadt* *K-L 9, 10 (a 1)*

[1752] 1897

Fahrweg der Fürstbischöfe von Paderborn zum Residenzschloß in Neuhaus.

Siehe auch Fürstenallee.

1910-1931: *Winterschulstraße*, Verbindung vom Fürstenweg zur Hans-Humpert-Straße (früher *Rackowstraße*), nach der seinerzeit dort ansässigen Landwirtschaftlichen Winterschule.

Funkenfeldweg *Elsen* *L 4*
1962
Nach einem Flurnamen, der auf den Funkenhof, einen früheren, nicht mehr genau lokalisierbaren Unterhof des Amtshofes Enenhus, zurückgeht.

Gartenstadt *Schloß Neuhaus* *E 7*
1976
Nach der Anfang der 1970er Jahre erbauten Wohnsiedlung im Grünen.
1972-1976: *Rhododendronbogen*, Rhododendron: Gattung der Heidekrautgewächse.

Gartenpfad *Schloß Neuhaus*
siehe Marienloher Straße

Gartenstraße *Elsen* *JK 5*
1962
Gelände früherer Gartenanlagen.

Gartenweg *Wewer*
siehe Bruchgarten

Gaukirchweg *Kernstadt* *M 11 (c 4)*
1976
Nach der anliegenden Gaukirche.
1961-1976: *Ulrichweg,* Ulrich, 890-973, Heiliger, Schutzpatron der Gaukirche, Bischof von Augsburg.

Gehrdener Weg *Kernstadt* *N 13*
1971
Gehrden: Ortschaft im Kreis Höxter, Stadt Brakel.

George-Marshall-Ring *Kernstadt* *G-M 13-16*
1991
George Marshall, 1880-1959, amerikanischer General und Politiker, 1947-1949 amerikanischer Außenminister, Initiator des nach ihm benannten Marshallplanes zum Wiederaufbau Europas nach dem 2. Weltkrieg. 1953 Friedensnobelpreis. Teilstück der Kreisstraße 29.

1995 Verlängerung bis Driburger Straße.
1997 Verlängerung bis Bundesstraße 64.

Georg-Lucas-Weg *Sande* *EF 2-5*

1983
Georg Lucas, 1893-1983, Paderborner Maler und Bildhauer, Landschaftsmaler der Senne.

Germanenstraße *Elsen* *JK 5*

1962
Germanen: Volksstamm indogermanischer Völker.
Siehe auch Alisostraße.

Geroldstraße *Kernstadt* *MN 10, 11*

1897
Gerold: Heerführer und Schwager Karls des Großen, ein Bruder der Königin Hildegard, der Gemahlin Karls. Im Kampf gegen die Avaren 799 erschlagen und im Kloster Reichenau (Bodensee) bestattet.

Gertrudenstraße *Kernstadt* *O 11*

1958
Gertrud die Große, geboren 1256, gestorben um 1302 im Kloster Helfta bei Eisleben. Zisterzienserin, bedeutende deutsche Mystikerin.

Gertrud-Gröninger-Straße *Kernstadt* *L 11 (a 5)*

1993
Gertrud Gröninger, 1650-1722, Paderborner Bildhauerin.
Siehe auch Gruningerstraße.

Geschwister-Scholl-Straße *Schloß Neuhaus* *C 7, 8*

1969
Geschwister Scholl: Hans Scholl, 1918-1943 und Sophie Scholl, 1921-1943. Führende Mitglieder der Widerstandsgruppe Münchener Studenten „Weiße Rose" gegen den Nationalsozialismus. Bei einer Flugblattaktion gegen Hitler verhaftet, 1943 hingerichtet.

Gesellenhausgasse *Kernstadt* *M 11 (bc 5)*

1897

Nach dem anliegenden Gesellenhaus, heute Kolpinghaus. Siehe auch Adolf-Kolping-Straße.

Gesselner Hude *Elsen* *KL 1-3*

1962

Nach einem Flurnamen. Hude = Weidefläche.

Gesselner Straße *Elsen* *J 1-4*

1962

Führt von Elsen zum Ortsteil Gesseln. Teilstück der Kreisstraße 5.

Giefersstraße *Kernstadt* *L 9*

1947 und 1976

Dr. phil. Wilhelm Engelbert Giefers, 1817-1880, Schüler am Gymnasium Theodorianum, nach seiner Studienzeit Professor am Gymnasium Theodorianum 1851-1874, Historiker; Direktor des Vereins für Geschichte und Altertumskunde Westfalens, Abteilung Paderborn 1855-1880.

Teilstück vom Knick nach Norden bis zur Elsener Straße bis 1947: *Zietenstraße,* siehe auch Ziethenweg.

Das Teilstück *Zietenstraße* hieß bis Mitte der 1930er Jahre *Goebenstraße* (s. Friedrich-Ebert-Straße). Sie wurde danach zwischen Theodor-Heuss-Straße und dem Knick der Giefersstraße nach Norden wegen Erweiterung des Kasernengeländes eingezogen.

Teilstück ab Rathenaustraße bis zum Knick nach Norden 1938-1947: *Schillstraße,* Ferdinand von Schill, 1776-1809, preußischer Husarenoffizier.

Dasselbe Teilstück 1947-1976: *Schatenstraße,* siehe auch Schatenweg.

Giersmauer *Kernstadt* *LM 11 (ab 4, 5)*

[1885] 1897

Nach der Paderborner Familie Ghyr (Gyr), die vom 13. Jh. an namentlich in den Reihen der Bürgermeister und Ministerialen (Beamte) erscheint.

Giersstraße *Kernstadt* *M 11 (bc 4, 5)*

[1885] 1897

Siehe Giersmauer. Teilstück des Großen Hellweges, der durch das Westerntor die Stadt Paderborn erreichte und durch das Gierstor nach Osten weiterführte.

Gierstor *Kernstadt* *LM 11 (b 5)*

1897

Siehe Giersmauer. Tor der mittelalterlichen Stadtbefestigung von Paderborn, bereits 1231 genannt. Wurde mit den zugehörigen Anlagen 1878 abgerissen.

Gierswall *Kernstadt* *LM 11 (ab 4, 5)*

1897

Siehe Giersmauer. Zwischen Gierstor und Heierstor ist der mittelalterliche Befestigungswall 1823 zur Promenade umgestaltet worden.

Ginsterpfad *Schloß Neuhaus*

siehe Waldmeisterweg

Ginsterweg *Kernstadt* *K 12*

1965

Ginster: Blütenstrauch.

Ginsterweg *Elsen*

siehe Timmerweg

Giselastraße *Kernstadt* *O 10, 11*

1950

Gisela: Deutsche Kaiserin, um 990-1043, Gemahlin Konrads II.

Gläsener Straße *Neuenbeken* *H 19*

1970

Gläsener: Glasbläser.

Siehe auch Glashüttenstraße.

Glashüttenstraße *Neuenbeken* *H 20*

1970

Nach der 1828/29 errichteten und 1905 stillgelegten Glas-

hütte Uhden. Ein Teil der Glashütte wurde 1987 unter Denkmalschutz gestellt und 1988 restauriert, heute als Vereinshaus genutzt.
Siehe auch Uhdenstraße.

Glashüttenstraße *Kernstadt*
siehe Wollmarktstraße

Glatzer Straße *Kernstadt* *NO 9, 10*
1960
Glatz: Stadt in Niederschlesien. Polnisch: *Klodzko*.

Glehenweg *Wewer* *Q 5*
1979
Nach dem ehemaligen Glehenhof.

Gleiwitzer Straße *Kernstadt* *NO 9*
1966
Gleiwitz: Industriestadt in Oberschlesien.
Polnisch: *Gliwice*.

Glesekerstraße *Kernstadt* *M 12*
[1937/38]
Bartholomäus Wilhelm Aloys Gleseker, 1729-1805, fürstbischöflicher Schatzeinnehmer, Weinhändler. Erbauer der als „Stern" bekannten Steinsäule (1778) im sog. englischen Garten am Westerntor und des heute unter Denkmalschutz stehenden Glesekerhauses (1779) neben der Gaukirche.

Glogauer Straße *Kernstadt* *N 9, 10*
1956
Glogau: Stadt an der Oder in Niederschlesien.
Polnisch: *Glogow.*

Gneisenaustraße *Schloß Neuhaus* *G 8, 9*
1976
August Wilhelm Anton Graf Neidhardt von Gneisenau, 1760-1831, preußischer Offizier. Verteidiger der Festung Kolberg 1807; wirkte neben vom Stein und Scharnhorst für die innere Erneuerung Preußens, Generalstabschef Blüchers in den Be-

freiungskriegen 1813-1815 gegen Napoleon, Generalfeldmarschall 1825.
1967-1976: *Von-Galen-Straße*, siehe ebd.

Gobbelinstraße *Neuenbeken* *H 18*
1970
Gobbelin (Gobelinus): Gogreve (Gorichter) von Beken, 1333 urkundlich erwähnt.
Siehe auch Gogrevenstraße.

Godefriedstraße *Neuenbeken* *H 18*
1970
Godefried: Gogreve (Gorichter) von Beken, 1278 urkundlich erwähnt.
Siehe auch Gogrevenstraße.

Goebenstraße *Kernstadt*
siehe Friedrich-Ebert-Straße und Giefersstraße

Goerdelerstraße *Kernstadt* *L 8, 9*
1960
Carl Friedrich Goerdeler, 1884-1945; 1930-1936 Oberbürgermeister von Leipzig, führender Widerstandskämpfer gegen den Nationalsozialismus, 1945 hingerichtet.

Wewer: Alter Hellweg von Süden, links die 1981 abgerissene alte Schule, 1930er Jahre

Goerdelerstraße *Elsen*
siehe Mühlenteichstraße

Goerdelerstraße *Schloß Neuhaus*
siehe Ludwig-Beck-Straße

Görlitzer Straße *Kernstadt* *N 9*
1958
Görlitz: Grenzstadt in Sachsen an der Görlitzer Neiße. Der östliche Teil ist heute polnisch und heißt *Zgorzelec.*

Goetzestraße *Schloß Neuhaus* *A-D 8, 9*
[um 1910]
Robert von Goetze, 1829-1904, preußischer Offizier, General der Infanterie, Kommandierender General des VII. Armeekorps (Münster) 1892-1897.

Gogrevenstraße *Neuenbeken* *GH 17-19*
1970
Die Gogreven von Beken waren bis 1333 landesherrliche Richter des Gogerichtes Beken – Ostlangen – Hagen.

Goldener Grund *Benhausen* *J 16*
1975
Nach einem Flurnamen. Ursprünglich ein Teilstück des Weges über den Krähenwinkel zum Musenturm (Müsenturm), einem Wartturm der mittelalterlichen Paderborner Landwehr. Geel, gol,golden = fruchtbar.
Die Grund: Geländevertiefung, Talsenke.
Bis 1975: *Goldgrund.*

Goldgrund *Benhausen*
siehe Goldener Grund

Goldregenweg *Kernstadt* *K 12*
1964
Goldregen: Zierstrauch.

Gotenweg *Kernstadt* *L 12*

1976

Goten: Germanischer Volksstamm.

1964-1976: *Gartenweg.*

Gottfried-Keller-Weg *Kernstadt* *L 13*

1965

Gottfried Keller, 1819-1890, Dichter und Schriftsteller.

Grabbestraße *Kernstadt* *N 11, 12*

1948

Christian Dietrich Grabbe, 1801-1836, Dramatiker.

Gräfte *Elsen* *K 6*

1983

Nach der in der Siedlung künstlich angelegten Wasserfläche/ Wassergraben = Gräfte (Gracht).

Greifswalder Straße *Kernstadt* *O 8*

1980

Greifswald: Kreisstadt in Mecklenburg-Vorpommern.

Greiteler Gärten *Kernstadt* *K 10, 11*

1969

Nach dem Flurnamen „Auf dem Greiteler". Der Greiteler ist ein Gartengelände auf sandigem Boden.

Greitelerweg *Kernstadt* *KL 10, 11*

1897

Siehe Greiteler Gärten.

Grenadierweg *Schloß Neuhaus* *C 7*

1976

Grenadier: Truppengattung.

1968-1976: *Arminstraße*, siehe Arminiusstraße.

Grevestraße *Kernstadt* *M 8*

1990

Franz Josef Greve, 1849-1922, katholischer Kaplan und Pastor in Etteln, Holsen und Hövelhof; Verfasser verschiedener Veröffentlichungen zur Geschichte Paderborns.

Grimmestraße *Kernstadt* *M 12*

1948

Friedrich Wilhelm Grimme, 1827-1887, Lehrer am Paderborner Gymnasium Theodorianum, westfälischer Mundartdichter, Dichter des Sauerlandes.

Gronowskistraße *Kernstadt* *M 9*

1988

Johannes Gronowski, 1874-1958, Arbeitersekretär, Zentrumspolitiker, Mitglied des preußischen Abgeordnetenhauses/ Landtags, Oberpräsident der Provinz Westfalen 1922-1933. Nach 1945 Landesvorsitzender der CDU Westfalens und Mitglied des NRW-Landtages; lebte seit 1951 in Paderborn.

Große Wiese *Elsen* *H 3*

1998

Nach den ursprünglichen Geländeverhältnissen, große Wiesenflächen.

Grube *Kernstadt* *M 11 (cd 4)*

[1895] 1897

Grube und Krumme Grube gehören zu den ältesten Straßen in der Altstadt. Bereits 1250 in einer Urkunde als Grove bezeichnet. Grove (Grube): Südlich der Domburg erstreckte sich ein großer und tiefer Steinbruch, der erst in der zweiten Hälfte des 12. Jh. nach teilweiser Auffüllung bebaut wurde. Noch nach Jahrhunderten war eine Grube zwischen Domburg und der Straße Kamp sichtbar.

Siehe auch Krumme Grube.

Grüner Weg *Kernstadt* *NO 8, 9*

1897

Früher ein mit Gras bewachsener, wenig benutzter Weg.

Grüner Weg *Elsen*

siehe Mühlenheide

Grüner Weg *Marienloh*

siehe Heitwinkel

Grüner Weg *Schloß Neuhaus*
siehe Dr. Grasso-Straße und Schillerstraße

Grüner Weg *Wewer*
siehe Zur Warthe

Grundsteinheimer Weg *Dahl* *PQ 19*
1976
Grundsteinheim: Ortschaft im südöstlichen Teil des Kreises Paderborn, Stadt Lichtenau. Teilstück einer alten Fernstraße des Paderborner Landes.

Grundweg *Dahl* *P 17-19*
1976
Nach einem Flurnamen. Grund: Bereich des Ellertales.

Grunigerstraße *Kernstadt* *M 9*
1897
Heinrich Gröninger (Gruninger), um 1564 (1578) - 1631, bedeutender Paderborner Bildhauer. Entstammte einer bekannten Künstlerfamilie, die im 16. und 17. Jahrhundert in Paderborn ansässig war.
Siehe auch Gertrud-Gröninger-Straße.

Dahl von Westen, 1928

Güldenpfennigweg *Kernstadt* *N 13*

1978

Johann Arnold Güldenpfennig, 1830-1908, Dombaumeister in Paderborn 1856-1908, erbaute neben vielen anderen Sakral- und Profanbauten die Herz-Jesu-Kirche, das Mutterhaus der Kongregation der Schwestern der Christlichen Liebe, das Leokonvikt, das Erzbischöfliche Generalvikariat.

Gunnestraße *Elsen* *JK 5*

1962

Nach dem gleichnamigen Bach.

Siehe auch Am Gunnebach.

Gunnestraße *Elsen*

siehe Wewerstraße

Gustav-Schultze-Straße *Kernstadt* *J 10, 11*

[Mitte 1920er Jahre]

Gustav Schultze (ab 1920 Schultze-Rhonhof), 1860-1945, Geheimer Regierungsrat, 1898-1921 Mitglied der Eisenbahndirektion Kassel, maßgeblich am Bau des Eisenbahnausbesserungswerkes Paderborn-Nord beteiligt.

Gutenbergstraße *Kernstadt* *M 10 (c 3)*

1951

Johann Gensfleisch zur Laden, nach seinem Haus „Zum Gutenberg" genannt, um 1397-1468, Erfinder des Buchdrucks mit gegossenen beweglichen Lettern.

Haarener Weg *Kernstadt* *N 14*

1983

Haaren: Ortschaft im südlichen Teil des Kreises Paderborn, Stadt Wünnenberg.

Habichtsweg *Schloß Neuhaus* *EF 8, 9*

[um 1960]

Habicht: Greifvogel.

Habichtsweg *Elsen*

siehe Obernheideweg

Habichtsweg *Schloß Neuhaus*

siehe Reiterpfad

Hachmannweg *Schloß Neuhaus* *H 8*

1983

Josef Hachmann, 1830-1911, katholischer Vikar, Pfarrer und Dechant in Neuhaus 1857-1910, Förderer des 1863 gegründeten und 1974 geschlossenen Andreas-Krankenhauses.

Häfnerstraße *Neuenbeken* *H 20*

1970

Häfner: Töpfer, welche die „Glashäfen" (Gefäße) formten und brannten, in denen die Glasmasse geschmolzen wurde. Siehe auch Glashüttenstraße.

Hagebuttenweg *Sande* *F 2*

1976

Hagebutte: Frucht der Wildrose.

1969-1976: *Asternweg*, siehe ebd.

Haggeneyweg *Kernstadt* *O 13*

1978

Dr. med. Heinrich Haggeney, 1835-1896, Sanitätsrat, wohltätiger Arzt, Direktor des Paderborner Landeshospitals seit 1886.

Hahnenberg *Dahl* *OP 18, 19*

1976

Flurstück aus dem ehemaligen Besitz des Bauern Hahne (Bentler).

Bis 1976: *Am Brakenberg*, siehe Brakenberg.

Haidhügel *Benhausen* *H 17*

1972

Nach einem Flurnamen. Haide = Heide.

Hainhöfen *Benhausen* *J 17*

1972

Nach einem Flurnamen. Die vor der alten Paderborner Landwehr gelegenen Gärten wurden Höfe am Hain genannt. Hain = Gehölz.

Halberstädter Straße *Kernstadt* *PQ 9, 10*
1956
Halberstadt: Kreisstadt in Sachsen-Anhalt.

Haller Straße *Kernstadt* *PQ 9*
1956
Halle: Kreisstadt in Sachsen-Anhalt.

Hamelner Straße *Kernstadt und Schloß Neuhaus*
siehe Heinz-Nixdorf-Ring

Hamerstraße *Benhausen*
siehe Bad Lippspringer Straße

Hammelstraße *Wewer*
siehe Auf dem Meere

Hanfgärten *Sande* *F 3*
1983
Erinnert an früheren Hanfanbau.

Hans-Humpert-Straße *Kernstadt* *KL 9, 10*
1947
Hans Humpert, 1901-1943, Paderborner Komponist und Musikpädagoge, Kulturpreisträger der Stadt Paderborn, 1955 posthum verliehen.
[1931]: *Moltkestraße*, siehe auch Imadstraße, Rathenaustraße und Von-Moltke-Straße.
[1937/38]-1947: *Rackowstraße,* Kurt Rackow, 1893-1923, Offizier im Paderborner Infanterie-Regiment Nr. 158. Erstürmer der französischen Festung Vaux im Juni 1916.

Hans-Sandhage-Weg *Kernstadt* *K 10*
1993
Hans Sandhage, 1887-1961, Kaufmann, Kommandeur des Paderborner Bürger-Schützen-Vereins 1831 e. V. 1938-1961.

Hans-Schemm-Straße *Kernstadt*
siehe Fröbelstraße

Harbortweg *Kernstadt* *K 9, 10*
1933
Josef Harbort, 1857-1908, Förster und Gärtner, Wirt auf dem Schützenplatz, später Wirt an den Fischteichen. Er war wesentlich an der Schaffung der Fischteichanlagen (1892) und ihrer Umgebung beteiligt.

Hardenbergstraße *Schloß Neuhaus* *G 8, 9*
1972
Karl August von Hardenberg (Fürst v. seit 1814), 1750-1822, preußischer Staatsmann. 1810 preußischer Staatskanzler, führte vom Steins Reformen (Freiheit des Gewerbes und der Religion, Beschränkung der Vorrechte des Adels) fort.

Hardehauser Weg *Kernstadt* *MN 14*
1987
Hardehausen: Ortschaft im südlichen Teil des Kreises Höxter, Stadt Warburg. Zur Zeit Bischof Meinwerks (1009-1036) bischöfliches Tafelgut Herswitehusen. 1140-1803 Zisterzienserkloster, seit 1949 katholische Landvolkshochschule „Anton Heinen".

Hardörner Weg *Dahl* *O 19, 20*
1976
Nach einem Flurnamen, Weg zu den spitzen Dornbüschen.

Harsewinkelweg *Kernstadt* *O 12*
1987
Harsewinkel: Bedeutende Paderborner Patrizierfamilie im 17. und 18. Jh.

Haselweg *Kernstadt* *K 11, 12*
1965
Hasel: Haselstrauch, ein Birkengewächs.

Hasenberg *Kernstadt* *M 13*
1971
Nach einem Flurnamen.

Hasenpfad *Schloß Neuhaus* *G 7*

1967

Hase: Nagetier, zur Säugetierfamilie gehörig; Kräuter- und Baumrindenfresser.

Haterbusch *Kernstadt und Schloß Neuhaus* *L 8*

1991

Nach einem Flurnamen, bereits 1266 in einer Urkunde genannt.

Hathumarstraße *Kernstadt LM 10, 11 (ab 3,4)*

[1892] 1897

Hathumar: Heiliger, um 760-815, erster Bischof des von Karl dem Großen errichteten Bistums Paderborn 806-815.

Bis zum Ükernbrand im Jahre 1875 *Uekernstraße,* siehe auch Ükern.

[1892]: *Hathumarthor*, Durchbruch der Stadtmauer.

Hathumarthor *Kernstadt*

siehe Hathumarstraße

Hatzfelder Platz *Schloß Neuhaus H 7 (ef 2)*

1989

Siehe Hatzfelder Straße.

Schloß Neuhaus: Bielefelder Straße nach Norden, rechts abzweigend Hatzfelder Straße, 1963/64

Hatzfelder Straße *Schloß Neuhaus* *F-H 7-11 (e 2)*

1938

Graf Melchior von Hatzfeld, 1848-1882, Leutnant bei den 8. Husaren in Neuhaus 1870-1874, Besitzer des Kolonates Neuhaus Nr. 237 im oberen Mastbruch. Nach ihm wurde 1924 eine Kompanie des Bürgerschützenvereins Neuhaus benannt.

Um 1926: *Driftweg,* Viehtrieb zur Weide auf die große Hude des Mastbruches.

Hauptstraße *Benhausen*

siehe Eggestraße

Hauptstraße *Wewer*

siehe Alter Hellweg

Hauptstraße *Schloß Neuhaus*

siehe Residenzstraße

Haustenbecker Straße *Kernstadt* *HJ 10*

1970

Haustenbeck: Ehemalige Ortschaft im lippischen Teil der Senne, 1659 gegründet, aufgegeben 1939 zur Erweiterung des 1892 eingerichteten Truppenübungsplatzes Senne.

1984 Verlängerung nach Norden bis Biberweg.

1897-1970: *Senneweg*, siehe ebd.

Senne: Heidelandschaft nördlich Paderborn, Teilgebiet seit 1892 Truppenübungsplatz.

Haxtergrund *Kernstadt* *PQ 14*

1897

Mittlerer Teil des langen Ost-West-Tales (Ellertal) am Südrand der Paderborner Feldmark. Der Ursprung des Namens ist auf die alte Siedlung Haxthuithehusen zurückzuführen.

Haxterhöhe *Kernstadt* *O 12, 13*

1897

Siehe Haxtergrund.

Die Bezeichnung Haxterhöhe kam erstmalig im 19. Jh. auf.

Heckersgasse *Kernstadt* *M 10 (c 1, 2)*

1935

Ursprünglich Zufahrt zur Hofstätte des Bauern Hecker.

Heckhofweg *Elsen* *K 4*

1976

Nach der früheren Hofstätte Heckschneider.

1962-1976: *Wiesenweg*, siehe ebd.

Hedwigstraße *Kernstadt* *O 10, 11*

1950

Hedwig: Heilige, um 1174-1243, Gemahlin des Herzogs Heinrich I. von Schlesien. Schutzpatronin Schlesiens.

Heidegrund *Elsen* *H 3*

1980

Nach einem Flurnamen.

Heidestraße *Elsen*

siehe Elser Heide

Heideweg *Sande und Schloß Neuhaus* *BC 7*

1938

Nach der Heidelandschaft in der Senne.

Siehe auch Senneweg.

Heideweg *Marienloh*

siehe Sommerau

Heideweg *Kernstadt*

siehe Hopfenweg

Heideweg *Schloß Neuhaus*

siehe Pater-Ewald-Straße

Heidland *Dahl* *P 18-19*

1994

Nach einem Flurnamen. Heid = Heide.

Heidturmweg *Kernstadt* *HJ 12*

1953

Nach dem Heittorn = Heideturm der alten Paderborner Landwehr, 1882 abgerissen.

Heierskamp *Marienloh* *E 13*

1969

Nach einem Flurnamen. Heier: Hirt.

Siehe auch Am Biekenkamp.

Heiersmauer *Kernstadt* *L 10, 11 (a 3, 4)*

1897

Heier: Hirt. Siehe auch Heierstor. Die Straße Heiersmauer erstreckt sich entlang der Südseite der ehemaligen Stadtmauer vom Heierstor bis zur Pader. Im 19. Jh. *Hinter der Mauer.*

Heiersstraße *Kernstadt* *LM 11 (ab 4)*

[1834] 1897

Heier: Hirt, siehe auch Heierstor.

Teilstück von der Giersstraße bis Thisaut [1824]: *Steinweg.*

Heierstor *Kernstadt* *L 11 (a 4)*

[1885] 1897

Heier: Hirt. Durch das Heierstor trieben die Hirten ihre Herden zur Hude (Weidefläche) im Norden und Osten der Stadt.

1183 erstmalig genannt, 1831/1849 abgerissen.

Mundartlich [1886]: *Detmolder Tor.*

Heierswall *Kernstadt* *L 10, 11 (a 2-4)*

1897

Heier: Hirt, siehe auch Heierstor. Der Umbau der mittelalterlichen Wallanlage zur Promenade wurde 1827 fertiggestellt.

Heimatweg *Wewer* *R 6*

1980

Nach dem Heimatbund Wewer e. V., dessen Vereinshaus hier seinen Standort hat.

Heinrichauer Straße *Neuenbeken* *H 20*

1970

Heinrichau: Stadt in der früheren preußischen Provinz Niederschlesien. Polnisch: *Henryków.*

Heinrich-Boekamp-Straße *Schloß Neuhaus* *G 8, 9*
1986
Heinrich Boekamp, 1887-1977, Maurer, Amtsbürgermeister des Amtes Schloß Neuhaus 1946-1964.

Heinrich-Lübke-Straße *Schloß Neuhaus* *H 8, 9*
1972
Heinrich Lübke, 1894-1972, Agrarpolitiker, Mitglied des Preußischen Landtages (Zentrum) 1931-1933; Ernährungs- und Landwirtschaftsminister NRW 1947-1952, Mitglied des Deutschen Bundestages (CDU) 1949-1953; 1953 Bundesminister für Ernährung, Landwirtschaft und Forsten, Bundespräsident 1959-1969.

Heinrich-Lücking-Straße *Kernstadt* *O 10, 11*
1977
Heinrich Lücking, 1884-1968, Eisenbahnschlosser, Paderborner SPD-Kommunalpolitiker. Stadtverordneter 1922-1933, Mitglied der Ratsversammlung und stellvertretender Bürgermeister 1946-1964.

Heinrich-Mentrop-Straße *Elsen*
siehe Nesthauser Straße

Heinrichstraße *Elsen*
siehe Junkstraße

Heinrichstraße *Kernstadt*
siehe Alderichstraße und Kardinal-Jaeger-Straße

Heinz-Nixdorf-Ring *Kernstadt und Schloß Neuhaus* *J-N 8, 9*
1989
Heinz Nixdorf, 1925-1986, Physiker, Paderborner Unternehmer, Firmengründer der Nixdorf-Computer-AG.
Teilstück zwischen Bahnhofstraße und Einmündung Am Hoppenhof bis 1955: *Frankfurter Weg,* siehe ebd.
1955-9.2.1989: *Unterer Frankfurter Weg*, 1976

Durchlegung bis Neuhäuser Straße, 1981 Weiterbau bis Dubelohstraße.
Teilstück zwischen Neuhäuser Straße und Dubelohstraße 1983-11.5.1989: *Hamelner Straße*, Hameln: niedersächsische Kreisstadt an der Weser.
Siehe auch Frankfurter Weg.

Heisenbergstraße *Schloß Neuhaus* *J 8*
1970
Werner Karl Heisenberg, 1901-1976, Atomphysiker, 1932 Nobelpreis für Physik.

Heitwinkel *Marienloh* *F 13*
1969
Nach einem Flurnamen.
Bis 1969: *Grüner Weg*, siehe ebd.

Helgoländer Weg *Kernstadt* *H 10, 11*
1968
Helgoland: Deutsche Nordseeinsel.

Hellweg *Kernstadt*
siehe Driburger Straße

Hellweg *Wewer*
siehe Salzkottener Straße

Helmarshauser Weg *Kernstadt* *M 12, 13*
1960
Nach dem 999 gegründeten und 1540 aufgehobenen Benediktinerkloster Helwardeshusen/Helmarshausen an der Diemel. Um 1100 berühmt als Stätte der Goldschmiedekunst und Buchmalerei.

Helmerner Weg *Kernstadt* *N 14*
1983
Helmern: Ortschaft im südlichen Teil des Kreises Paderborn, Stadt Wünnenberg.

Henricusstraße *Schloß Neuhaus* *H 8*

1976

Nach der St.-Henricus-Schützenbruderschaft Schloß Neuhaus, der die bis zu ihrem Abriß im Jahre 1994 hier gelegene Kriegerrhalle zeitweilig als Schützenhalle diente.

Siehe auch Kaiser-Heinrich-Straße.

1961-1976: *Schützenstraße*.

Henry-Dunant-Straße *Elsen*

siehe Römerstraße

Henkenstraße *Elsen* *JK 5*

1976

Nach dem ehemaligen Henkenhof.

Hs. Nr. 26-40 und 55-59 1972-1976: *Giselastraße*, siehe ebd.

Hs. Nr. 16-24 und 13-51 1962-1976: *Hedwigstraße,* siehe ebd.

Hs. Nr. 2-14 und 1-9 1968-1976: *Marienstraße,* Maria: Mutter Jesu, Heilige Jungfrau.

Herbert-Norkus-Straße *Kernstadt*

siehe Imadstraße

Herbert-Norkus-Weg *Schloß Neuhaus*

siehe Kruggelweg

Herbert-Schwiete-Ring *Kernstadt* *KL 12*

1996

Herbert Schwiete, 1918-1994, Lehrer, Rektor der Bonifatius-Hauptschule 1959-1980, CDU-Kommunalpolitiker, Bürgermeister der Stadt Paderborn 1968-1988, 1990 Verleihung des Ehrenbürgerrechts der Stadt Paderborn und des Titels „Altbürgermeister".

1978-1996: *Ostring,* östliches Teilstück des äußeren Ringes um die Innenstadt.

Herbramer Weg *Kernstadt* *N 14*

1972

Herbram: Ortschaft im südöstlichen Teil des Kreises Paderborn, Stadt Lichtenau.

Herlestraße *Kernstadt* *K 13*

1973

Philipp Herle, 1800-1859, bedeutender Paderborner Lithograph. Schuf u. a. Lithographien von Paderborn.

Hermann-Göring-Straße *Kernstadt*

siehe Winfriedstraße

Hermann-Hesse-Straße *Elsen* *K 5*

1973

Hermann Hesse, 1877-1962, Schriftsteller, 1946 Nobelpreis für Literatur und Goethepreis.

Hermann-Kirchhoff-Straße *Kernstadt* *JK 10*

1917

Dr. jur. h. c. Hermann Werner Kirchhoff, 1845-1928, geb. in Paderborn, Schüler am Gymnasium Theodorianum, Jurist, Ministerialdirektor in der Eisenbahnabteilung des preußischen Ministeriums der öffentlichen Arbeiten 1874-1908; wirkte maßgeblich mit an der Vereinheitlichung des deutschen Eisenbahnwesens und an der Errichtung des Eisenbahnausbesserungswerkes Paderborn-Nord. 1909 Ehrenbürger der Stadt Paderborn.

Hermann-Löns-Straße *Sande und Schloß Neuhaus D-H 4-7 (e 2)*

1925, 1976

Hermann Löns, 1866-1914, Heidedichter, Schriftsteller; hatte Neuhäuser und Paderborner Vorfahren.

1946-1976: *Liboristraße*, siehe Liboriberg.

Im Stadtteil Sande 1969-1976: *Liboristraße*, siehe Liboriberg.

Hermann-Löns-Weg *Elsen*

siehe Am Mühlenteich

Hermann-Löns-Weg *Schloß Neuhaus*

siehe Am Thunhof

Hermannstraße *Kernstadt* *L 11*

[1908] 1910

Hermann (Armin, Arminius): Fürst der Cherusker, 17 v. Chr.-21 n. Chr. Besiegte 9 n. Chr. in der „Schlacht im Teutoburger Wald" das Heer des römischen Feldherrn Varus. Denkmal auf der Grotenburg bei Detmold. Eine Nachbildung des Grotenburgdenkmals (Hermannsdenkmal) befindet sich auf dem Dach des Eckhauses zur Detmolder Straße.

Herzog-Heinrich-Straße *Neuenbeken* *H 19*

1970

Heinrich IV., Herzog von Sachsen-Lauenburg, 1550-1585, Fürstbischof von Paderborn 1577-1585. Begründer der Schützenbruderschaft Neuenbeken, seit 1935 Heimatschutzverein Neuenbeken.

Hessenweg *Kernstadt* *HJ 11*

1964

Nach dem Volksstamm der Hessen, Nachfahren der germanischen Chatten (Katten).

Hildegardstraße *Kernstadt* *O 11*

1958

Hildegard von Bingen, Heilige, 1098-1179, Äbtissin des Klosters auf dem Ruppertsberg bei Bingen. Geistig bedeutende Person des Mittelalters, Verfasserin einer mystischen Glaubenslehre (Scivias) und einer Naturheilkunde.

Hildesheimer Hellweg *Neuenbeken* *G-J 18-22*

1976

Einer der frühesten Fernwege des ehemaligen Hochstiftes (Fürstbistums) Paderborn. Teilstück der Landstraße 755.
Alte Bezeichnungen:
von der Einmündung in Richtung Benhausen: *Beker Stadtweg,*
in Richtung Altenbeken: *Hildesheimscher Hellweg.*
1970-1976: *Paderborner Straße,* Gesamtstrecke zwischen Benhausen und Altenbeken in der Gemarkung Neuenbeken.

Hildesheimscher Hellweg *Neuenbeken*

siehe Hildesheimer Hellweg

Neuenbeken von Südwesten 1992

Hillebrandstraße *Kernstadt* *L 11 (a 4)*

1920

Nach dem Gerichts-Kanzlisten Hermann Hillebrand, der in der ersten Hälfte des 19. Jh. Besitzer des heutigen Maspernplatzes (Hillebrands Graben) war und in dem dortigen alten Befestigungsturm, heute ein Teil der sog. „Heiersburg", eine stadtbekannte Gartenwirtschaft (Kaffeehaus im Graben) betrieb. [1910]: *An Hillebrands Graben.*

Hilschenbruch *Elsen* *J 5*

1962

Nach einem Flurnamen.

Himmighauser Weg *Kernstadt* *M 14*

1983

Himmighausen: Ortschaft im nordwestlichen Teil des Kreises Höxter, Stadt Nieheim.

Hindenburgdamm *Kernstadt*

siehe Dr.-Rörig-Damm

Hindenburgweg *Schloß Neuhaus*

siehe Schatenweg

Hinter dem Rathaus *Kernstadt*

siehe Scharnegasse

Hinter den Höfen *Wewer* *P 5, 6*
1970
Nach einem Flurnamen.

Hinter den Franziskanern *Kernstadt*
siehe Franziskanergasse

Hinter den Jesuiten *Kernstadt*
siehe Jesuitenmauer

Hinter den Kapuzinern *Kernstadt*
siehe Am Stadelhof

Hinter den Mönchen *Kernstadt*
siehe Am Abdinghof

Hinter den Zäunen *Benhausen* *J 16, 17*
1972
Alte Grenzbezeichnung zwischen den Besitzrechten der Grafen von Westphalen und dem Domkapitel.
Teilstück des Weges der Maiprozession.

Benhausen von Norden, um 1960

Hinter der Kaserne *Kernstadt*
siehe Am Abdinghof

Hinter der Mauer *Kernstadt*
siehe Spitalmauer

Hintere Köppen *Kernstadt* *K 11*
1984
Nach einem Flurnamen.

Hirtenweg *Kernstadt* *JK 9*
1960
Liegt im ehemaligen Hudebereich der Königsträßer Bauerschaft, Hude = Weidefläche.

Hochstiftstraße *Kernstadt* *N 13*
1967
Nach dem ehemaligen Hochstift (Fürstbistum) Paderborn. Das 1802 säkularisierte und im Königreich Preußen aufgegangene Hochstift umfaßte in etwa das Gebiet der heutigen Kreise Paderborn und Höxter ohne das Corveyer Land.

Höhenstraße *Kernstadt* *N 12*
[1933]
Nach der geographischen Lage.

Hölderlinstraße *Schloß Neuhaus* *GH 7*
1976
Friedrich Hölderlin, 1770-1843, Dichter und Schriftsteller. 1956-1976: *Am Vogelsang,* Bezeichnung nach dem Volksmund.

Hölternstraße *Elsen* *J 4*
1962
Nach dem anliegenden Eichenwäldchen, Hölter = Hölzer.

Höpperteich *Elsen* *K 4*
1976
Nach dem anliegenden Feuchtgebiet. Höpper = Frösche. 1972-1976: *Friedlandstraße,* siehe Friedlandweg.

Hofwiesen *Schloß Neuhaus* *G 8*
1983
Nach einem Flurnamen.

Hohefeld *Dahl* *P 19*
1976
Nach einem Flurnamen.

Hohe Kamp *Sande* *G 3*
1969
Nach einem Flurnamen.
Siehe auch Am Biekenkamp.

Hohenloher Weg *Kernstadt* *H 11*
1971
Nach der Hohenloher Ebene (fruchtbares Getreideland im nördlichen Württemberg).

Hoher Weg *Kernstadt*
siehe Engernweg

Hohlweg *Kernstadt*
siehe Peter-Hille-Weg

Hohoffstraße *Kernstadt* *M 8*
1960
Wilhelm Hohoff, 1848-1923, katholischer Pfarrer in Petershagen bei Minden 1885-1905, Paderborner Sozialwissenschaftler, 1905 Ruhestand in Paderborn, Verfasser mehrerer sozialökonomischer Werke.

Hollandweg *Elsen* *J 3, 4*
1976
Zur Erinnerung an Elsener Wanderarbeiter, die in der ersten Hälfte des 19. Jh. jährlich von März bis Oktober nach Holland zogen, um dort Geld zu verdienen. Volksmundlich = Hollandgänger.
1967-1976: *Friedrich-Ebert-Straße,* siehe ebd.

Holsteiner Weg *Kernstadt* *H 10, 11*

[1917]

Holstein: Ehemaliges Herzogtum, südlicher Teil des Bundeslandes Schleswig-Holstein.

1959 Verlängerung bis Schwabenweg, siehe auch Schleswiger Weg.

Holtgrevenstraße *Neuenbeken* *G 19*

1996

Der Holtgreve war der Verwalter des zum mittelalterlichen Amt Beken zählenden bischöflichen Forstes „Bekischer Wald", heute „Neuwald Altenbeken".

Holtheimer Weg *Kernstadt* *NO 14*

1972

Holtheim: Ortschaft im südöstlichen Teil des Kreises Paderborn, Stadt Lichtenau.

Holunderweg *Kernstadt*

siehe Schäferweg

Holzweg *Elsen* *KL 2-4*

1962

Führt in das Elser Holz, ein früheres Waldgebiet, das bis an den Ort heranreichte.

Homannweg *Schloß Neuhaus*

siehe Josef-Temme-Weg

Honerkamp *Neuenbeken* *H 18*

1970

Hoheitlicher Kamp, eine Bezeichnung sächsischen Ursprungs und zeitlich vor 1200 anzusetzen.

Siehe auch Am Biekenkamp.

Hopfenweg *Kernstadt* *K 9*

1976

Hopfen: Schlingpflanze.

1948-1976: Heideweg, siehe ebd.

Horner Hellweg *Neuenbeken* *F-H 18-22*
1970
Alter Fernweg über Horn zwischen den Königshöfen Paderborn und Schieder.
Alte Bezeichnung: *Hornscher Hellweg, Bergweg.*

Horner Straße *Kernstadt* *H 12*
1973
Horn: Ortschaft im südlichen Teil des Kreises Lippe, Stadt Horn-Bad Meinberg.

Hornscher Hellweg *Neuenbeken*
siehe Horner Hellweg

Horst-Wessel-Straße *Schloß Neuhaus*
siehe Kaiser-Heinrich-Straße

Horst-Wessel-Wall *Kernstadt*
siehe Le-Mans-Wall

Hubertusstraße *Kernstadt*
siehe Am Turnplatz

Hubertusweg *Schloß Neuhaus* *GH 7 (e 2)*
1951
Hubertus, Heiliger, gestorben 728, Bischof in Lüttich um 709-728. Schutzpatron der Jäger.

Hubertusweg *Kernstadt*
siehe Stolbergallee

Huckestraße *Elsen* *JK 4*
1976
Wilhelm Hucke, 1887-1961, Lehrer in Elsen 1920-1953, Verfasser des 1960 erschienenen Buches „Das Kirchspiel Elsen einst und jetzt".
1962-1976: *Schulstraße*, nach der in der Nähe befindlichen Dionysius-Schule.

Hudeweg *Kernstadt* *JK 9*

1948

Liegt im ehemaligen Hudebereich der Königsträßer Bauerschaft. Hude = Weidefläche.

Hudeweg *Elsen*

siehe Elser Hude

Hübnerstraße *Schloß Neuhaus* *H 8*

1969

Kurt Hübner, 1897-1961, evangelischer Theologe, Pfarrer der evangelischen Kirchengemeinde Schloß Neuhaus 1946-1961, Initiator zum Bau (1962) der ev. Christuskirche.

Hüfferweg *Kernstadt* *O 13*

1978

Alfred Hüffer, 1818-1899, Kreisgerichtsrat in Paderborn, ab 1879 Landgerichtsrat, Mitbegründer der Zentrumspartei.

Hülsenkamp *Marienloh* *F 13*

1969

Nach einem Flurnamen.

Siehe auch Am Biekenkamp.

Paderborn: Brüderkrankenhaus an der Husener Straße von Nordosten, vor 1914

Hünenweg *Schloß Neuhaus* *G 9*

1976

Nach den in der Nähe befindlichen Bodendenkmälern, Hünengräbern aus der Bronzezeit.

1957-1976: *Josefsweg*, nach der 1952 errichteten katholischen Kirche St. Josef der Kirchengemeinde St. Josef Mastbruch.

Hugo-Gerlach-Straße *Schloß Neuhaus* *D 7*

1965

Hugo Gerlach, 1883-1964, Militärmusiker, 1911 Chef des Trompeterkorps der 8. Husaren in Neuhaus und Paderborn, 1920 Musikmeister des Trompeterkorps des Reiterregiments 15. 1958 Ehrenbürger der Gemeinde Schloß Neuhaus.

Humperdinckweg *Kernstadt* *J 12*

1966

Engelbert Humperdinck, 1854-1921, Komponist. Absolvent des Gymnasium Theodorianum.

Husarenstraße *Schloß Neuhaus* *E-G 8, 11*

1938

Husaren: Truppengattung.

Husener Straße *Kernstadt* *M-Q 11, 12 (d 5)*

[1892] 1897

Husen: Ortschaft im südöstlichen Teil des Kreises Paderborn, Stadt Lichtenau.

Iggenhauser Weg *Dahl* *O-R 16-18*

1976

Iggenhausen: Ortschaft im südöstlichen Teil des Kreises Paderborn, Stadt Lichtenau.

Ikenbergstraße *Elsen*

siehe Mentropstraße

Ilexweg *Schloß Neuhaus* *E 7*

1972

Ilex: Stechpalme, Waldstrauch und Baum mit immergrünen Blättern und roten Beeren.

Ilseweg *Kernstadt* *O 9, 10*

1950

Nach dem 1919 gegründeten Zementwerk „Ilse"; für die Belegschaft wurden an diesem Weg Wohnhäuser errichtet.

Imadstraße *Kernstadt* *M 9, 10 (c 1)*

1887 und 1945

Imad: Stammte aus dem sächsischen Herzogsgeschlecht der Billunger, Bischof von Paderborn 1051-1076. Stiftete die im Diözesanmuseum aufbewahrte berühmte Imad-Madonna für den Paderborner Dom.

Teilstück zwischen Friedrichstraße und Ferdinandstraße 1890-1897: *Moltkestraße,* siehe auch Hans-Humpert-Straße, Rathenaustraße und Von-Moltke-Straße.

Teilstück zwischen Friedrichstraße und Friedrich-Ebert-Straße *(Goebenstraße)* 1938-1945: *Herbert-Norkus-Straße*, Herbert Norkus, 1916-1932, Kultperson der Nationalsozialisten.

Siehe auch Kruggelweg.

Imadstraße *Kernstadt*

siehe Theodor-Heuss-Straße

Im Braßfeld *Neuenbeken* *J 19*

1970

Nach einem Flurnamen.

Im Bruchhof *Wewer* *Q 5*

1970, 1976

Nach einem Flurnamen. Bruch: Feuchtes, sumpfiges Gelände.

Teilstück zwischen Meerschlag und Triftweg 1970-1976: *Bruchweg*.

Imbsenstraße *Wewer* *P 6*

1973

Nach der 1449-1833 auf Gut Wewer ansässigen Familie von Imbsen.

Im Dörener Feld *Kernstadt* *JK 12, 13*

1968

Nach einem Flurnamen und der alten Siedlung Dornethe. Siehe auch Dörener Weg und Dörener Platz.
1897-1968: Dörener Weg, siehe ebd.

Im Düstern *Kernstadt* *M 10 (cd 2)*
1897
Nach der ursprünglich engen, dunklen Gasse.
Urkunde von 1574: *Am Dustern,* Stadtplan 1831: *Düsterngasse.*

Im Felde *Marienloh* *G 13*
1969
Nach der örtlichen Lage.

Im Frieden *Schloß Neuhaus* *G 7*
1946
Volksmundliche Bezeichnung nach der friedlichen und ruhigen Lage.
1938-1946: *Schlageterstraße*, Albert Leo Schlageter, 1894-1923, Offizier im 1. Weltkrieg, Freikorpskämpfer, im Ruhrkampf von den Franzosen wegen Sabotage erschossen. Von den Nationalsozialisten zum „Märtyrer" stilisiert.
Siehe auch Nordstraße.

Im Gesselner Feld *Elsen* *J 3*
1962
Nach einem Flurnamen.

Im Goldgrund *Kernstadt* *M 14, 15*
1897
Nach einem Flurnamen.
Siehe auch Goldener Grund.

Im Großen Winkel *Elsen* *JK 1, 2*
1962
Nach einem Flurnamen.

Im Kirchenfelde *Wewer* *R 6*
1970
Nach einem Flurnamen.

Sande: Schule und Hof Rickert an der Straße Dirksfeld, 1930er Jahre

Im Klee *Wewer* *O 5-7*

1970
Nach einem Flurnamen. Klee (Klei) = Marschboden.
1990 Verlängerung bis zur Salzkottener Straße.
Siehe auch Kleestraße.

Im Knick *Benhausen* *J 17*

1972
Knick: Wall mit Buschwerk. Die Trasse folgt etwa dem Verlauf der Paderborner Landwehr zur Pamelschen Warte. Teilstück der Landstraße 937.

Im Lichtenfelde *Kernstadt* *N 13*

1967
Nach einem Flurnamen (Lichtkenfeld).

Im Lipphorn *Marienloh* *E 14*

1976
Nach einem Flurnamen.
1969-1976: *Lippeweg,* siehe Lippepfad.

Im Lohfeld *Kernstadt* *M 8*

[1892] 1948
Nach einem Flurnamen (Laukamp, Laufeld).

Im Meerfeld *Sande* *EF 3*

1997
Nach einem Flurnamen.
Siehe auch Meerhof.

Immelmannstraße *Kernstadt*

siehe Pankratiusstraße

Immenberg *Kernstadt* *MN 13, 14*

1972
Nach einem Flurnamen (Immensaath).

Immendinger Straße *Schloß Neuhaus* *H 7 (fg 1)*

1976
Imme(n)dinger: Sächsisches Adelsgeschlecht, dem Bischof Meinwerk (1009-1036) entstammte. Die Stiftungsurkunde des 1036 von Meinwerk gegründeten Kanonikerstiftes Busdorf enthält mit der Nennung des bischöflichen Haupthofes Neuhaus die erste Erwähnung des Ortsnamens.
1938-1976: *Meinwerkstraße*, siehe ebd.

Im Quinhagen *Schloß Neuhaus* *H-K 7 (g 2)*

1938
Nach einem Flurnamen.
Altertümliche Schreibweise: Quiddenhagen = Jungviehweide.

Im Sack *Kernstadt*

siehe Am Ikenberg

Im Samtfelde *Kernstadt* *NO 11*

1958
Nach einem Flurnamen, Samthude = gemeinsame Hude/ Weidefläche der Kämper- und Westernbauerschaft.

Im Schlinge *Elsen* *L 5, 6*

1962
Nach einem Flurnamen.
Siehe auch Beim Schlinghause.

Im Siechenfeld *Kernstadt*
siehe Mälzerstraße

Im Spiringsfelde *Kernstadt* *NO 11*
1953
Nach einem Flurnamen, Feldflur vor dem Spirings- oder Kasseler Tor.
Siehe auch Kasseler Tor.

Im Steinern *Schloß Neuhaus H 6, 7 (fg 1)*
1987
Nach einem Flurnamen.
1938-1987: *Almepfad,* siehe Almering.

Im Sudahl *Dahl* *OP 19, 20*
1976
Nach einem Flurnamen. Teilstück der Kreisstraße 1.

Im Tigg *Wewer* *Q 5, 6*
1970
Nach einem Flurnamen.

Im Torfstich *Schloß Neuhaus*
siehe Dietrichstraße

Im Twietken *Wewer* *Q 6*
1970
Twiete: Enge Gasse (Hohlweg).

Im Vogtland *Marienloh* *EF 12, 13*
1969
Volksmundliche Bezeichnung.

Im Winkel *Marienloh*
siehe Lohweg

In Boikhoven *Neuenbeken*
siehe Bukhove

In dem Schildern *Kernstadt*
siehe Schildern

In den Berggärten *Neuenbeken* *H 18, 19*
1970
Nach einem Flurnamen.

In den Fürstengärten *Kernstadt* *L 9*
1962
Nach einem Flurnamen, den ehemaligen Fürstengärten (Grundeigentum des Bischofs), die sich von der Pader durch das Riemekeviertel bis zum Westerntor und Liboriberg erstreckten und zum größten Teil an Bürger verpachtet waren.
Verlängerung nach Norden 1976.
Siehe auch Annenbrede und Mönchebrede.
Teilstück von der Neuhäuser Straße nach Norden ab 1976: *An der Linde*. Bis 1954 stand die ca. 300 Jahre alte „Antoniuslinde" an der Einmündung in die Neuhäuser Straße; die durch einen Brand zerstörten Reste wurden 1959 bei Verbreiterung der Neuhäuser Straße entfernt.

In den Schilderen *Kernstadt*
siehe Schildern

In der Drift *Benhausen* *J 17*
1972
Trift, Drift: Weg zum Weideauftrieb für das Vieh in die Feldmark.
[1829]: *Tröenweg, Die Trift.*

In der Scharn *Kernstadt*
siehe Scharnegasse

Infanterieweg *Schloß Neuhaus* *C 7, 8*
1938
Infanterie: Truppengattung.

Ingolstädter Weg *Kernstadt* *H 11*
1973
Ingolstadt: Kreisfreie Stadt in Bayern.

Inselspitzenweg *Kernstadt* *L 10 (b 3)*
1987
Nach der zwischen dem Zusammenfluß der Paderarme liegenden Inselspitze.

Inselweg *Kernstadt*
siehe Am Rolandsweg

Irisweg *Sande* *F 2*
1976
Iris: Pflanzengattung Schwertlilie.
1972-1976: *Fliederweg*, siehe ebd.

Jägerweg *Schloß Neuhaus* *C 7*
1957
Jäger: Truppengattung.

Jägerweg *Schloß Neuhaus*
siehe Roonstraße

Jahnplatz *Kernstadt* *LM 9, 10*
1948
Friedrich Ludwig Jahn, 1778-1852, Gymnasiallehrer, Vertreter einer Erziehung zur körperlichen Ertüchtigung durch Turnen (Turnvater). 1848 Mitglied der Nationalversammlung in der Frankfurter Paulskirche.
Siehe auch Jahnstraße.

Jahnstraße *Kernstadt* *L 9*
1951
Siehe Jahnplatz.

Jahnstraße *Elsen*
siehe Carl-Diem-Straße

Jahnweg *Schloß Neuhaus*
siehe Krakostraße

Jentzschstraße *Kernstadt* *M 12, 13*
1960
Walther Jentzsch, 1833-1916, Landrat des Kreises Paderborn 1875-1903. 1899 Ehrenbürger der Stadt Paderborn.

Jesuitenmauer *Kernstadt* *M 10, 11 (d 3, 4)*
1897

Nach der alten Stadtmauer hinter der Jesuitenkirche (Marktkirche) und dem früheren Jesuitenkolleg (Theologische Fakultät).
[1891]: *Hinter den Jesuiten.*

Johannes-Hatzfeld-Weg *Kernstadt* *M 9*
1999
Johannes Hatzfeld, 1882-1953, katholischer Theologe und Kirchenmusiker, 1914 Religionslehrer an der Pelizaeusschule in Paderborn, 1916 Veröffentlichung der Volksliedersammlung „Tandaradei" und „Susani", 1932-1953 Schriftleiter der Bistumszeitung „Leo". 1952 Ehrenbürger der Stadt Paderborn.

Johannes-Wecker-Straße *Schloß Neuhaus* *CD 7, 8*
1990
Johannes Wecker, 1909-1982, Tischlermeister, stellvertretender Bürgermeister von Schloß Neuhaus 1964-1969, Mitglied der St.-Hubertus-Schützenbruderschaft Sennelager 1927-1982, Schützenoberst 1963-1974.

Johannesweg *Wewer* *Q 5*
1970
Johannes der Täufer, Heiliger, Patron der katholischen Pfarrkirche St. Johannes Baptist.
Bis 1970: *Schildern,* enger Wehrgang hinter der ehemaligen Wewerschen Landwehr.

Josef-Brockmann-Weg *Kernstadt* *L 10*
1986
Josef Brockmann, 1890-1975, Dompropst. Heimatgebietsleiter des Westfälischen Heimatbundes für das Heimatgebiet „Paderborner und Corveyer Land" 1950-1958. Förderer der archäologischen Grabungen im Bereich der Kaiserpfalz.

Josef-Schnitz-Straße *Elsen* *K 6*
1972
Josef Schnitz, 1847-1912, geboren in Elsen, Dompropst, Generalvikar des Bistums Paderborn 1901-1912. 1910 Ehrenbürger der Gemeinde Elsen.

Josef-Schröder-Straße *Kernstadt* *N 10, 11*

1976

Joseph Schröder, 1887-1970, Geistlicher Rat, erster Pfarrer der katholischen Kirchengemeinde St. Meinolf in Paderborn 1933-1967. Mitbegründer der Gemeinnützigen Siedlungs- und Wohnungsgenossenschaft „Eigenheim" e.G. Paderborn.

Teilstück zwischen Borchener Straße und Querweg [1909]-1938: *Ulrichstraße,* Franz Ulrich, 1844-1914, Präsident der Eisenbahndirektion Kassel 1895-1908. Begründer der Eisenbahnvereine (später Spar- und Bauverein), 1905 Bau der Eisenbahnerwohnhäuser (genannt Port Arthur) an der Borchener Straße.

1938-1947: *Richthofenstraße,* Manfred Frhr. von Richthofen, 1892-1918, Kampfflieger im 1. Weltkrieg.

1947-1976: *Kettelerstraße*, siehe Von-Ketteler-Straße.

Josefstraße *Elsen* *K 3-5*

1962

Josef von Nazareth, Heiliger, im Neuen Testament der Ehemann Marias, der Mutter Jesu.

Josefstraße *Kernstadt*

siehe Andreasstraße

Josefsweg *Schloß Neuhaus*

siehe Hünenweg

Josef-Temme-Weg *Schloß Neuhaus* *GH 8*

1946

Joseph Temme, 1862-1929, Kaufmann und Hotelier, Kommunalpolitiker in Neuhaus; Begründer des Neuhäuser Waldfriedhofes 1916.

1938-1946: *Homannweg.*

Siehe auch Busdorfwall.

Teilstück von der Hatzfelder Straße bis Bahnkreuzung (heute Fußgängerübergang) 1938-1962: Dümmerweg,siehe ebd.

Josef-Wirmer-Weg *Kernstadt* *M 8, 9*

1986

Josef Wirmer, 1901-1944, geboren in Paderborn, Rechtsanwalt, Widerstandskämpfer gegen den Nationalsozialismus, 1944 hingerichtet.

Jothebachweg *Elsen* *JK 1-3*

1978

Jothe: Bach, entspringt im Elser Holz und mündet in die Gunne.

Jühengasse *Kernstadt* *M 10 (cd 3)*

[1891] 1897

Nach der um die Mitte des 17. Jh. dort ansässigen, aus Borgholz stammenden Familie von Juden, im Volksmund Jühen genannt.

Jühengasse *Kernstadt*

siehe Langenohlgasse

Jühenplatz *Kernstadt* *M 10 (d 3)*

[1896] 1897

Siehe Jühengasse.

Julianstraße *Kernstadt*

siehe Stephanusstraße

Julius-Leber-Straße *Kernstadt* *LM 8, 9*

1969

Julius Leber, 1891-1945, SPD-Politiker, Mitglied des Reichstages 1924-1933. Widerstandskämpfer gegen den Nationalsozialismus, 1945 hingerichtet.

Junkstraße *Elsen* *K 5*

1976

Heinrich Junk, 1857-1920, Tierarzt, angesehener und verdienter Bürger der Gemeinde Elsen.

1962-1976: *Heinrichstraße.*

Siehe auch Alderichstraße, Kaiser-Heinrich-Straße und Kardinal-Jaeger-Straße.

Kämpenstraße *Elsen* *K 5*

1962

Nach einem Flurnamen.

Kämpenweg *Schloß Neuhaus*

siehe Nasser Kamp

Käthe-Kollwitz-Straße *Elsen* *H 4*

1990

Käthe Kollwitz, 1867-1945, Graphikerin, Malerin und Bildhauerin des Expressionismus, geprägt von sozialem Engagement. Berufsverbot in der Zeit des Nationalsozialismus (1933-1945).

Kaiser-Heinrich-Straße *Schloß Neuhaus* *H 7, 8 (f 2)*

1946

Heinrich II., der Heilige (1146), 973-1024, Deutscher König und Kaiser 1002-1024, Patron der Neuhäuser Pfarrkirche.

Siehe auch Alderichstraße, Junkstraße und Kardial-Jaeger-Straße.

Bis 1938: *Sertürnerstraße*, siehe ebd.

1938-1946: *Horst-Wessel-Straße,* Horst Wessel, 1907-1930, Nationalsozialist, Verfasser des nach ihm benannten Horst-Wessel-Liedes.

Siehe auch Le-Mans-Wall.

Kamp *Kernstadt* *M 10, 11 (cd 3, 4)*

[1890] 1897

Kamp: In der aus dem 12. Jh. stammenden „vita meinwerci", der Lebensbeschreibung Bischof Meinwerks (1009-1036), ist bereits ein Areal „in campo" erwähnt. Wahrscheinlich die frühmittelalterliche Umleitung des Hellweges um die Domimmunität. Teilstück der alten Holländischen Straße.

1331: *Kampstraße,*

1834: *Kamp Straße,*

1897: *Kampstraße.*

Siehe auch Am Biekenkamp.

[1824] 1897: *Schäfergasse*, wahrscheinlich nach einer Familie, die hier ihre Wohnstätte hatte. 1995 überbaut mit dem Kaufhaus Libori-Galerie.

Siehe auch Krummer Ellenbogen.

Kamp Straße *Kernstadt*
siehe Kamp

Kampstraße *Kernstadt*
siehe Kamp

Kampweg *Wewer*
siehe Freihof

Kantstraße *Schloß Neuhaus* *G 7*
1970
Immanuel Kant, 1724-1804, Philosoph, 1770 Professor an der Albertus-Universität Königsberg i. Pr.

Kanzler-Wippermann-Straße *Kernstadt* *M 12*
1951
Dr. Konrad Wippermann, gestorben 1632, Fürstbischöflicher Rat und Kanzler.

Kapellenstraße *Kernstadt* *N 9*
[1908] [1910]
Erinnert an die um 1465 erbaute und 1945 durch Fliegerbomben zerstörte Roms-Kapelle, deren Standort sich gegenüber der Einmündung der Kapellenstraße in die Bahnhofstraße befand.

Kapuzinergasse *Kernstadt*
siehe Domgäßchen

Kapuzinerstraße *Kernstadt*
siehe An den Kapuzinern

Kardinal-Bertram-Weg *Kernstadt* *JK 11*
1984
Adolf Bertram, 1859-1945, Kardinal und Erzbischof von Breslau 1929-1945.

Kardinal-Jaeger-Straße *Kernstadt* *NO 10*
1976
Lorenz Jaeger, 1892-1975, 1941-1973 Erzbischof von Pader-

born, 1965 Kardinal. 1956 Ehrenbürger der Stadt Paderborn. 1951-1976: *Heinrichstraße.*
Siehe auch Alderichstraße, Junkstraße und Kaiser-Heinrich-Straße.

Karl-Arnold-Allee *Kernstadt*
siehe Wolff-Metternich-Straße

Karl-Arnold-Straße *Elsen* *HJ 3*
1973
Karl Arnold, 1901-1958, bis 1933 Zentrumspolitiker und christlicher Gewerkschafter, 1945 Mitbegründer der CDU, Ministerpräsident von Nordrhein-Westfalen 1947-1956.

Karl-Korthaus-Straße *Sande* *F 2, 3*
1997
Karl Korthaus, 1859-1933, Malermeister, 1894 Syndikus der Handwerkskammer Osnabrück. Gründete im Auftrag der preußischen Regierung als Berater und Wanderlehrer Kredit- und Warengenossenschaften (ab 1901 im „Hauptverband der Deutschen Gewerblichen Genossenschaften" zusammengefaßt); initiierte 1897 die Gründung der Gewerbebank Paderborn G.m.b.H. (Vorläuferin der heutigen Volksbank Paderborn e.G.) durch 21 heimische Handwerksmeister.

Karl-Schoppe-Weg *Kernstadt* *J 12*
1982 und 1987
Karl Schoppe, 1894-1980, Paderborner Gymnasiallehrer und Heimatforscher. Verfasser zahlreicher Beiträge zur Geschichte der Stadt Paderborn und des Paderborner Landes.

Karl-Schurz-Straße *Kernstadt* *K-L 13, 14*
1980
Karl Schurz, 1829-1906, wegen Beteiligung an der Badischen Revolution 1848 zum Tode verurteilt. 1849 Flucht in die USA, dort republikanischer Politiker, 1877-1881 Innenminister der USA.

Karl-Severing-Straße *Elsen* *J 3*
1973

Karl Severing, 1875-1952, SPD-Politiker, 1907-1933 Mitglied des Reichstages und 1921-1933 Mitglied des Preußischen Landtages, Preußischer Innenminister 1920-1926 und 1930-1932, Reichsminister des Innern 1928-1930; Mitglied des Landtages Nordrhein-Westfalen 1947-1952.

Karl-Sonnenschein-Straße *Kernstadt* *N 8*

1962

Dr. Karl Sonnenschein, 1876-1929, katholischer Pfarrer, Großstadt- und Studentenseelsorger in Berlin.

Karlsplatz *Kernstadt* *MN 10*

[1917]

Karl I., der Große, 742-814, seit 768 König der Franken. 800-814 Kaiser des Weströmischen Reiches. Erster Aufenthalt in Paderborn 776, Begründung der Karlsburg und der karolingischen Pfalz mit Pfalzkirche. 777 erste fränkische Reichsversammlung auf sächsischem Boden in Paderborn. Bis 799 folgen fünf weitere Reichsversammlungen an den Pader- und Lippequellen. 799 Treffen mit Papst Leo III. in Paderborn.

Karlstraße *Kernstadt* *MN 10*

1897

Siehe Karlsplatz.

Karl-Wagenfeld-Straße *Elsen* *H 4*

1969

Karl Wagenfeld, 1869-1939, Lehrer, bedeutender westfälischer Mundartdichter; Begründer des Westfälischen Heimatbundes (1915).

Kasernenstraße *Schloß Neuhaus*

siehe Marstallstraße

Kaspar-Schulte-Weg *Kernstadt* *L 12*

1999

Dr. Kaspar Heinrich Joseph Schulte, 1899-1980, Prälat, Diözesanpräses der Katholischen Arbeiterbewegung (KAB) im Erzbistum Paderborn, Bundesmännerseelsorger 1950-1960. 1959 Päpstlicher Hausprälat.

Kasseler Mauer *Kernstadt* *M 11 (d 4, 5)*

1897

Nach der mittelalterlichen Stadtmauer im Bereich des Kasseler Tores. Siehe ebd.

Kasseler Straße *Kernstadt* *M 11 (cd 4, 5)*

[1884] 1897

Nach dem Kasseler Tor; die Straße ist ein Teilstück der alten Holländischen Straße (großer Hellweg).

Siehe Kasseler Tor.

Kasseler Tor *Kernstadt* *M 11 (d 5)*

[1807]

Bereits in einer Urkunde des Jahres 1183 genanntes Tor der mittelalterlichen Stadtbefestigung an der Straße nach Kassel. Um 1229 *Spirinkstor*, wahrscheinlich nach einer dort ansässigen Familie ähnlichen Namens. 1807-1813, zur Zeit des Königreiches Westphalen, dessen Hauptstadt Kassel war, wurde die heutige Bezeichnung eingeführt. Die Reste der Toranlage wurden 1900 entfernt.

Kaukenberg *Kernstadt* *LM 15*

1991

Nach einem Flurnamen.

Kavallerieweg *Schloß Neuhaus* *C 7,8*

1938

Kavallerie: Truppengattung.

Kempers Kamp *Schloß Neuhaus* *G 9*

1977

Nach einem Flurnamen.

Siehe auch Am Biekenkamp.

1973-1977: *Steubenstraße*, siehe ebd.

Kerssenbrockallee *Schloß Neuhaus* *HJ 6*

1972

Rembert von Kerssenbrock, 1474-1568, Fürstbischof von Paderborn 1547-1568, ließ um 1548 den nach ihm benannten Teil (Haus Kerssenbrock) des Schlosses Neuhaus errichten.

Siehe auch Rembertstraße.

Kettelerstraße — *Kernstadt*

siehe Josef-Schröder-Straße

Kettenplatz — *Kernstadt*

siehe Marienplatz

Kettenweg — *Sande* — *J 3*

1977

Nach früher an der Straße ansässigen Handwerkern, die bis in die 1930er Jahre Ketten schmiedeten.

Kiebitzweg — *Sande* — *EF 1, 2*

1977

Kiebitz: Gattung der Sumpfvögel.

1969-16.12.1976: *Am Rothebach,* Rothe: Bach, entspringt im Sander Bruch und mündet in die Lippe.

16.12.1976-22.3.1977: *Storchenweg,* Storch: Gattung der Schreitvögel, Zugvogel.

Kiefernweg — *Kernstadt* — *J 10*

1949

Kiefer: Baumgattung.

Kiefernweg — *Elsen und Schloß Neuhaus*

siehe Rellerbusch

Kiesau — *Kernstadt*

siehe Kisau

Kilianplatz — *Kernstadt* — *O 11*

1958

Kilian: Heiliger, Apostel Frankens, Schotte, 689 ermordet. Bestattet in der Neumünsterkirche in Würzburg. Erster Patron des Paderborner Domes.

Kilianstraße — *Kernstadt* — *M-O 10, 11 (d 3)*

[1902]

Siehe Kilianplatz.

1938-1945: *Straße der SA,* SA: Sturmabteilung, nationalsozialistischer Wehrverband.

Paderborn: Kilianstraße von Süden, 1907

Kilianstraße — *Elsen*

siehe Plesserstraße

Kirchbrede — *Neuenbeken* — *H 18*

1970

Breit angelegtes Flurstück im Besitz der Pfarrkirche, früher zum bischöflichen Haupthof Beken gehörig.

Kirchentwiete — *Dahl* — *P 19*

1976

Twiete: Enge Gasse.

Kircherweg — *Kernstadt* — *N 12*

1966

Athanasius Kircher, 1601-1680, Jesuit, 1618-1622 Student an der Paderborner Universität, Professor in Würzburg und Rom; Wissenschaftler, Miterfinder der „Laterna Magica".

Kirchstraße — *Elsen*

siehe Elser Kirchstraße

Kirchstraße — *Kernstadt*

siehe Florianstraße

Kirchstraße — *Schloß Neuhaus*
siehe Neuhäuser Kirchstraße

Kirchstraße — *Wewer*
siehe Wasserburg

Kirchweg — *Marienloh*
siehe Bendeslo

Kirchweg — *Neuenbeken*
siehe Roncalliplatz

Kisau — *Kernstadt* — *LM 10 (b 2,3)*
[1885] 1897
Bachaue (der in der Nähe fließenden Pader) auf Kiesgrund. Schon im Mittelalter so genannt.
Im 19. Jh.: *Kiesau.*

Klausheider Straße — *Sande* — *B-F 3-6*
1969
Klausheide: Ortsteil der Gemeinde Hövelhof im nördlichen Teil des Kreises Paderborn.

Kleemeiers Busch — *Elsen* — *M 4, 5*
1989
Nach einem Flurnamen in Anlehnung an den benachbarten Kleehof. Kleemeier = Inhaber des Kleehofes. Klee (Klei) = Marschboden.
Siehe auch Am Kleehof.

Kleestraße — *Wewer* — *O-Q 6*
1970
Nach dem anliegenden Flurnamen Im Klee. Klee (Klei) = Marschboden. Teilstück der Landstraße 756.
Siehe auch Im Klee.
Bis 1970: *Elsener Straße*, führt vom Stadtteil Wewer zum Stadtteil Elsen.

Kleine Bahnhofstraße — *Schloß Neuhaus*
siehe Elisabethstraße

Kleine Heide *Dahl* *O 18*

1993

Nach einem Flurnamen.

Kleinenberger Weg *Kernstadt* *N 13, 14*

1972

Kleinenberg: Ortschaft im südlichen Teil des Kreises Paderborn, Stadt Lichtenau.

Kleine Penzlinger Straße *Kernstadt* *L 11*

[1920]

Nach dem Flurnamen Penzlinger Feld. Zurückzuführen auf den alten Paderborner Familiennamen Pennig; am Weg lag das Penningslinder Feld. Bereits 1438 ist urkundlich von einer Rentenbelastung im „penningslynder velde" zu lesen. Siehe auch Penzlinger Straße.

Kleiner Domplatz *Kernstadt* *M 11 (b 4)*

[1889]

Platz im Norden des Domes. Gehörte früher zur Domfreiheit und ist der eigentliche Domplatz des Mittelalters.

Kleppergasse *Kernstadt* *M 10 (c 2)*

[1894] 1987

Der Name erscheint schon in Urkunden von 1597 und 1614. Im 16. Jh. *Stoilstroite* (Stuhlstraße), hier standen viele Webstühle; durch das aufdringliche Klappern bzw. Kleppern derselben soll der Name entstanden sein.

Klingelgasse *Kernstadt* *M 11 (d 4)*

[1893] 1897

Klinke bedeutet Biegung, Winkel. So ist die Klingelgasse wohl als Verbalhornung der Klinkengasse entstanden.
Vor dem Ausbau der Liboristraße (1864) bis zur Schäfergasse, Stadtplan 1851 und früher: *Auf dem Backofen*, dieser Name entstand im Siebenjährigen Krieg (Besetzung Paderborns 1757).

Klingenderstraße *Kernstadt* *K 12, 13*

1976

Carl Gottlieb Elias Klingender 1854-1928, evangelischer Theologe, Superintendent des evangelischen Kirchenkreises Paderborn 1905-1928. Verfasser des Buches „Die Geschichte der evangelischen Gemeinde Paderborn von 1803-1903".

Klöcknerstraße *Kernstadt* *MN 8, 9*

[1907]

Martin Klockener, auch Klöckener, gest. um 1622/23. Paderborner Bürger aus der Kämper-Bauerschaft, domkapitularischer bzw. fürstbischöflicher Beamter. Zeitgenosse Fürstbischof Dietrichs IV. (Theodor) von Fürstenberg und Chronist der 1604 im „Kampf um Paderborn" gipfelnden Auseinandersetzung zwischen dem Bischof und der Stadt Paderborn.

Klosterweg *Schloß Neuhaus* *D 7*

1938

Nach dem ehemaligen Salvatorkolleg Heilandsfrieden.
Siehe auch Am Heilandsfrieden und Salvatorstraße.

Klünersweg *Dahl* *P 19*

1976

Nach dem anliegenden Klünershof, 1782 errichtet.

Klusheideweg *Marienloh* *F 13*

1965, 1969

Nach einem Flurnamen.
Bis 1965: *Vom Freisenbruch*, nach einem Flurnamen (Fresenbrock).

Kluswiese *Wewer* *P 3*

1970

Die „Klus", alte Einsiedelei. Bezeichnung für einen um die Wende vom 16. zum 17. Jh. hier gelegenen Hofe im Eigentum der Herren von Imbsen zu Wewer.

Knapp *Dahl* *P 19*

1976

Nach einem Flurnamen. Knapp = Hügel, Steilhang.

Knickweg *Kernstadt* *P-R 12-14*

Mittelalter

Knick: Wall mit Buschwerk. Ursprünglich Teil der alten Paderborner Landwehr.

Knickweg *Benhausen*

siehe Bad Lippspringer Straße

Königsbuscher Weg *Kernstadt* *O 10*

1950

Nach einem Flurnamen. Textkataster von 1698: Künnen Busch.

Königsplatz *Kernstadt* *M 10 (c 2)*

1982

In Anlehnung an die nahegelegene Königstraße, siehe ebd.

Königstraße *Kernstadt* *M 10 (b-d 2)*

[1891] 1897

Teilstück einer alten und bedeutenden Verkehrs-, Handels- und Heerstraße, die unter Königsschutz stand. In einer Urkunde von 1280 wird sie „platea regis", d. h. Königsweg, genannt.

Kötterhagen *Kernstadt* *M 10, 11 (cd 3,* **4)**

[1886] 1897

Urkundliche Ersterwähnung 1354 „Hagen", 15. Jh. „Ketterhagen". Klare Deutung bisher nicht möglich; Hagen = umgrenzte Fläche, Kötter = möglicherweise abgeleitet von germanisch Kat(t) = Krümmung.

Koksplatz *Schloß Neuhaus*

siehe Schloßstraße

Kolbergstraße *Kernstadt* *O 8, 9*

1962

Kolberg: Kreisstadt in Pommern, Hafen und Seebad an der Ostsee.

Polnisch: *Kolobrzeg.*

Kolpingplatz *Elsen* *K 5*

1991

Adolf Kolping, 1813-1865, Schuhmacher, katholischer Priester und Sozialreformer, gründete 1846 den Katholischen Gesellenverein Köln, aus dem das weltweite Kolpingwerk hervorging. 1991 Seligsprechung durch Papst Johannes Paul II. Siehe auch Adolf-Kolping-Straße.

Kolpingstraße *Schloß Neuhaus*

siehe Neuhäuser Kirchstraße

Konrad-Ernst-Straße *Elsen* *HJ 5*

1977

Konrad Ernst, 1887-1965, Lehrer in Elsen 1911-1928, danach an der Karlschule in Paderborn, ab 1945 Rektor; Schulrat des Kreises Paderborn 1948-1952.

1962-16.12.1976: *Weidenweg,* siehe ebd.

16.12.1976-22.3.1977: *Ernststraße,* Änderung der Schreibweise.

Konrad-Martin-Platz *Kernstadt* *M 10 (bc 1)*

[1937/38]

Konrad Martin, 1812-1879, Bischof von Paderborn 1856-1879, „Bekennerbischof" im Kulturkampf. 1874 verhaftet und zu Festungshaft verurteilt, 1875 aus der Festung Wesel am Niederrhein geflohen und 1879 im belgischen Asyl im Kloster Mont St. Guibert bei Namur gestorben.

[1920]-[1937/38]: *Martinsplatz.*

Konrad-Martin-Straße *Kernstadt* *M 9, 10 (c 1)*

[1937/38]

Siehe Konrad-Martin-Platz.

1897-[1937/38]: *Martinstraße.*

Konviktplatz *Kernstadt*

siehe Maspernplatz

Krämergasse *Kernstadt*

siehe *Krämerstraße*

Krämerstraße *Kernstadt* *L 11 (b 4)*

[1891] 1897

Bereits 1439 Krämergasse genannt, nach den dort ansässigen Krämern und Kleinhändlern.

Krakostraße *Schloß Neuhaus* *H 7*

1976

Hans Krako, gestorben um 1648, Goldschmiedemeister aus Dringenberg; schuf mit seinem Gesellen Hans Cordt Bentler den jetzigen Liborischrein (geweiht am 31.10.1627) als Ersatz für den von Christian von Braunschweig 1622 eingeschmolzenen Reliquienschrein für die Gebeine des hl. Liborius. 1938-1976: *Jahnweg*, siehe Jahnplatz und Jahnstraße.

Kranweg *Schloß Neuhaus* *C 7*

1995

Franz Kran, 1862-1931, Lehrer an der Thuneschule in Sennelager 1882-1927.

Kreuzrickerweg *Neuenbeken* *HJ 19*

1970

Kreu(t)zricke: Hecke der Paderborner Landwehr auf dem „Hellweg nach Paderborn", dem ältesten Fahrweg nach Paderborn.

Kreuzweg *Neuenbeken* *H 18*

1970

Teilstück des alten Nord-Süd-Fernweges Friesland-Hessen.

Krewettstraße *Wewer* *P 6*

1973

Nach der Familie Krewet(t).
Siehe auch Brenkenstraße.

Krügers Kamp *Sande* *EF 2*

1997

Nach einem Flurnamen.
Siehe auch Am Biekenkamp.

Kruggelweg *Schloß Neuhaus* *G 7*

1946

Nach dem erstmals 1596 in schriftlichen Überlieferungen erwähnten Kruggelhof.
Siehe auch Am Kruggelhof.
1938-1946: *Herbert-Norkus-Weg*.
Siehe auch Imadstraße.

Krumme Grube *Kernstadt* *M 11 (c 4)*
[1890]1897
Siehe Grube.

Krumme Grund *Kernstadt* *NO 13-16*
1897
Lange und gewundene Talsenke von der Dahler Feldflur bis zur Driburger Straße. Bereits in einer Urkunde von 1418 erwähnt.

Krummer Ehlenbogen *Kernstadt*
siehe Krummer Ellenbogen

Krummer Ellenbogen *Kernstadt* *M 11 (cd 4)*
1897
Nach dem im rechten Winkel abknickenden Verlauf der Straße – wie ein gebogener Arm. Im Textkataster von 1778 erscheint die Bezeichnung *Krummer Ehlen Bogen*. Beim Wiederaufbau 1954 wurde die Abzweigung nach Osten zur Kasseler Straße geschlossen und der Verlauf nach Westen zur Schäfergasse geöffnet; 1995 wurde der Verlauf nach Westen mit dem Kaufhaus Libori-Galerie überbaut, heute Verbindung zur Kasseler Mauer.
Siehe auch *Schäfergasse* bei Kamp.

Küglerweg *Schloß Neuhaus* *B-D 7-10*
[1885]
Otto Hermann Kügler, 1850-1932, preußischer Offizier im Infanterie-Regiment Nr. 15 (2. Westfälisches); ab 1903 Oberst und Kommandeur der Infanterie-Schießschule Spandau. Erfinder der „Küglerschen Deckungen", senkrecht eingegrabener Blechzylinder, die auf dem Truppenübungsplatz Senne der Bedienungsmannschaft der Infanterie-Zielfelder als Schutz und Unterstand dienten.

Kürassierweg *Schloß Neuhaus* *F 9*

1938

Kürassier: Truppengattung.

Kuhgasse *Kernstadt* *M 10 (b 2)*

1897

Nach ihrer früheren Nutzung als Viehtrift zur Tränke an der Börnepader, (plattdeutsch = börnen für tränken). Im Textkataster von 1778 *Drekstrate* = Dreckgasse.

Kunigundenstraße *Schloß Neuhaus* *H 8*

1954

Kunigunde: Heilige (1200), um 980-1038 (1040) Gemahlin Kaiser Heinrichs II., Mitpatronin der Neuhäuser Pfarrkirche St. Heinrich und Kunigunde, 1002 im Paderborner Dom zur Königin gekrönt.

Kunigundenweg *Kernstadt*

1951-1976: *Kunigundenweg* in der Kernstadt fällt fort. Fußweg zwischen Hedwigstraße und Pankratiusstraße.

Kurt-Schumacher-Straße *Kernstadt* *LM 8*

1972

Kurt Schumacher, 1895-1952, SPD-Politiker, Mitglied des Reichstages 1930-1933, Gegner des Nationalsozialismus. Vorsitzender der SPD 1946-1952, Mitglied des Bundestages 1949-1952.

Lagesche Straße *Kernstadt* *H 12*

1970

Lage: Stadt im Kreis Lippe.

1947-1970: Dr.-Mertens-Weg, siehe ebd.

Lahrkampstraße *Schloß Neuhaus* *D 7*

1976

Dr. Wilhelm Lahrkamp, 1901-1977, Landwirt, Schützenoberst in Sennelager 1954-1963. Großpächter der landwirtschaftlich genutzten Flächen des Truppenübungsplatzes Senne 1938-1961.

1963-1976: *Pommernstraße*, siehe Pommernweg.

Lammers Kamp *Schloß Neuhaus* *G 9*

1986

Nach der Hofstelle Kemper, Hatzfelder Straße 76, die ursprünglich Lammers hieß.

Siehe auch Am Biekenkamp.

Lanfert *Wewer* *Q 5, 6*

1970

Lanfert: Landwehr.

Langefeld *Dahl* *OP 17*

1976

Nach einem Flurnamen.

Langenohlgasse *Kernstadt* *M 10 (d 3)*

[1931]

Joseph Gustav Langenohl, 1814-1878, katholischer Priester, über 30 Jahre Kaplan an der Jesuitenkirche (Marktkirche) in Paderborn, „Vater der Armen und Notleidenden". Sein Verdienst ist auch der Bau (1870), der von Diözesanbaumeister Güldenpfennig entworfenen ersten Friedhofskapelle auf dem Ostfriedhof, die heute seinen Namen trägt.

1830: *Hinter den Jesuiten*, siehe Jesuitenmauer.

1899: *Jühengasse,* siehe ebd.

Langer Weg *Kernstadt* *LM 12*

[1931]

Erschien im Feld endlos lang und erhielt daher im Volksmund seinen Namen.

Lange Trift *Dahl* *P 18, 19*

1976

Nach einem Flurnamen. Trift = Weg für den Viehtrieb.

Lange Wenne *Kernstadt* *LM 13*

1948

Nach einem Flurnamen. Wenne = Wende.

Lauensteinweg *Kernstadt* *L 12, 13*

1964

Josef Lauenstein, 1878-1952, Direktor des Gas- und Wasserwerks Paderborn 1924-1934.

Laurentiusgasse *Kernstadt* *M 11 (bc 5)*

1897

Nach dem ursprünglich an der Giersstraße gelegenen Laurentiushospital und der Laurentiuskapelle, auch Nikolaus-, Giers- oder Osternhospital genannt. Diente vom 13. Jh. bis 1815 zur Aufnahme von Armen und Kranken.

In der ersten Hälfte des 19. Jh. *Brandisgasse,* siehe Brandisstraße.

Bis 1897: *Busdorfgasse,* siehe Am Busdorf.

Lazarettstraße *Kernstadt*

siehe Spitalmauer

Ledeburstraße *Kernstadt* *LM 10 (b 1)*

[1903]

Friedrich Clemens von Ledebur-Wicheln, 1770-1841, Bischof von Paderborn 1825-1841. Er brachte die in der Krankenpflege tätige Genossenschaft der Barmherzigen Schwestern vom hl. Vincenz von Paul nach Paderborn und war Förderer des Waisenhauses.

Lehmkuhle *Marienloh* *EF 14*

1969

Nach einem Flurnamen. Ehemalige Lehmabgrabung.

Lehmstich *Wewer* *P 5*

1970

Ehemalige Lehmabgrabung.

Leineweberstraße *Elsen*

siehe Am Mühlenteich

Le-Mans-Wall *Kernstadt* *M 10 (d 2, 3)*

1967

Le Mans: Hauptstadt des westfranzösischen Departements Sarthe. Seit 836 Städtefreundschaft zwischen Paderborn und Le Mans durch die Überführung der Gebeine des hl. Liborius,

seit 1967 Partnerstadt von Paderborn, seit 1975 von Paderborn und Bolton.
[1892]-1938 und 1945-1967: *Wilhelmstraße,* Wilhelm I., 1797-1888, 1861 König von Preußen, 1871 Deutscher Kaiser.
1938-1945: *Horst-Wessel-Wall.*
Siehe auch Kaiser-Heinrich-Straße.

Lemgoer Straße *Kernstadt* *HJ 12*
1970
Lemgo: Stadt im Kreis Lippe.
1917-1947: *Osmanenweg,* siehe auch Dr.-Mertens-Weg.
1947-1970: *Lippeweg,* nach dem ehemaligen Freistaat Lippe, seit 1947 Teil des Landes Nordrhein-Westfalen.

Leonardstraße *Kernstadt* *N 9, 10*
1984
Leonard I., Familienname Ruben, Abt des Klosters Abdinghof 1598-1609.

Leostraße *Kernstadt* *M 10, 11 (d 2-4)*
[1895] 1897
Nach Gioacchino Pecci, 1810-1903, Papst Leo XIII. 1878-1903. An der Leostraße steht das 1895 errichtete Leokonvikt, das seinen Namen trägt.
Teilstück von der Borchener Straße bis Kilianstraße [1890]: *Bahnstraße,* nach der parallel verlaufenden Eisenbahn.
1938-1945: *Sudentendeutsche Straße,* nach der Volksgruppe der Sudetendeutschen und dem Sudetenland, durch das Münchener Abkommen (1938) dem Reichsgebiet angegliedert.
Liebfrauenstraße: Einfahrt zum Leokonvikt, Verbindung Karlstraße-Winfriedstraße. 1895 zum Gelände des Leokonvikts eingezogen.
Siehe auch Am Turnplatz.

Lerchenweg *Schloß Neuhaus* *E 8, 9*
1962
Lerche: Singvogel.

Lesteweg *Wewer* *P 4, 5*

1970

Leste: Nordöstliche Begrenzung des alten Dorfes, letzter Weg, mundartlich: Lesteweg.

Letterhausstraße *Elsen* *J 3, 4*

1976

Bernhard Letterhaus, 1894-1944, Sekretär des Katholischen Arbeiter Bundes (KAB), Gegner des Nationalsozialismus, 1944 hingerichtet in Berlin-Plötzensee.

1967-1976: *Theodor-Heuss-Straße*, siehe ebd.

Leubusstraße *Kernstadt* *N 9*

1996

Leubus: Ortschaft im Kreis Wohlau in der preußischen Provinz Niederschlesien, ehemaliges Zisterzienserkloster, gegründet um 1175, umgebaut 1695-1740, 1945 stark zerstört.

Polnisch: *Lubiaz.*

Leuschnerstraße *Kernstadt* *L 8*

1960

Wilhelm Leuschner, 1890-1944, SPD-Politiker und Gewerkschaftsführer, Widerstandskämpfer gegen den Nationalsozialismus, 1944 hingerichtet.

Liboriberg *Kernstadt* *M 10, 11 (d 3-5)*

[1885] 1897

1474 erstmals urkundlich erwähnt.

Hl. Liborius, gestorben um 397, Bischof von Le Mans in Frankreich. 836 Überführung der Gebeine nach Paderborn; Schutzpatron des Domes, der Stadt Paderborn und der Erzdiözese Paderborn.

Liboristraße *Kernstadt* *M 11 (d 4)*

[1864], 1897

Im Zuge des Ausbaues der Straße (1864) wurde die Stadtmauer durchbrochen und das *„Liboritor"* geschaffen.

Siehe Liboriberg.

Liboristraße *Schloß Neuhaus*
siehe Hermann-Löns-Straße

Liboritor *Kernstadt*
siehe Liboristraße

Liboriusstraße *Elsen*
siehe Dierksstraße

Lichtenauer Weg *Kernstadt* *O 13*
1983
Lichtenau: Stadt im südöstlichen Teil des Kreises Paderborn. Im Textkataster von 1698 der „alte Lichtenauische Weg".

Lichtenturmweg *Kernstadt* *NP 13, 13*
1959
Im Textkataster von 1698 als „Lichtentürmer Weg" genannt, auch als der „alte Lichtenauische Weg" bezeichnet; führte zum Lichtenturm (Leuchtenturm), eine Warte in der alten Paderborner Landwehr aus dem 14. Jh. 1944 wurde der alte Turm irrtümlich gesprengt, 1988 auf Initiative des Paderborner Heimatvereins e. V. und der Paderborner Brauerei wieder aufgebaut.

Liebfrauenstraße *Kernstadt*
siehe Leostraße

Liegnitzer Straße *Kernstadt* *N 9, 10*
1956
Liegnitz: Ehemalige Hauptstadt des gleichnamigen Regierungsbezirks der preußischen Provinz Niederschlesien.
Polnisch: *Legnica.*

Liesborner Weg *Kernstadt* *MN 13*
1960
Nach Kloster Liesborn, Kreis Warendorf. 815 als Frauenkloster gegründet, 1131 in ein Benediktinerkloster umgewandelt, 1803 aufgehoben; unterhielt enge Beziehungen zum Kloster Abdinghof in Paderborn.

Liethberg *Kernstadt* *MN 13*
1971
Nach einem Flurnamen.
Siehe auch Auf der Lieth.

Liliengasse *Kernstadt* *M 10 (d 2)*
[1890] 1897
Bereits 1526 urkundlich erwähnt. 1969 Ausbau bis Le-Mans-Wall. Lilie: Zwiebelgewächs, Zierblume.

Lindenfeld *Dahl* *O 18*
1993
Nach einem Flurnamen.

Lindenweg *Kernstadt* *N 11*
1951
Linde: Baumgattung.

Lindenweg *Elsen*
siehe Untern Eichen

Lindenweg *Sande*
siehe Rodenbruch

Linnebornweg *Kernstadt* *L 12*
1969
Dr. Dr. Johannes Linneborn, 1867-1933, Dompropst, Professor. Direktor des Vereins für Geschichte und Altertumskunde Westfalens, Abteilung Paderborn, 1909-1924. Mitglied des Preußischen Landtages 1924-1933.

Lippeaue *Schloß Neuhaus* *H 9*
1991
Aue: Flußniederung der in der Nähe fließenden Lippe.

Lippepfad *Schloß Neuhaus* *H 7 (e 1, 2)*
1938
Nach der in der Nähe fließenden Lippe.

Lippeweg *Kernstadt*
siehe Lemgoer Straße

Lippeweg *Marienloh*
siehe Im Lipphorn

Löffelmannweg *Kernstadt* *K 10*
[1931]
Wilhelm Löffelmann, 1844-1911, Hotelier, Kommandeur des Paderborner Bürger-Schützen-Vereins 1831 e. V. 1879-1910.

Löherstraße *Kernstadt* *KL 8, 9*
1949
Dr. jur. Franz von Löher, 1818-1892, Absolvent des Gymnasium Theodorianum, 1845 Gerichtsreferendar am Oberlandesgericht in Paderborn, während der Revolution 1848 Führer des liberalen Bürgertums in Paderborn; 1855 Professor in München, 1866 geadelt, bayerischer Reichsarchivdirektor 1864-1886, Reiseschriftsteller.

Lönsweg *Kernstadt*
siehe An den Fischteichen

Lösekestraße *Schloß Neuhaus* *EF 8*
1956
Friedrich von Löseke, 1845-1919, preußischer Offizier, um 1890 Major und Batallions-Kommandeur im Infanterie-Regiment Nr. 15 (2. Westfälisches). Erbaute 1892 mit seiner Truppe die nach ihm benannte „Löseke-Brücke" über den Sennefluß Thune als Zugang zum Truppenübungsplatz Senne.

Lohweg *Marienloh* *E 13*
1976
Volksmundliche Bezeichnung. Loh = Wald.
1969-1976: *Im Winkel,* örtliche Lagebezeichnung.

Londoner Straße *Schloß Neuhaus* *E 8, 9*
1976
London: Hauptstadt Großbritanniens. Wohnsiedlung britischer NATO-Stationierungsstreitkräfte.
1960-1976: *Berliner Straße*, Berlin: Hauptstadt der Bundesrepublik Deutschland.

Lortzingweg *Kernstadt* *J 11, 12*

1966

Albert Lortzing, 1801-1857, Opernkomponist, Schauspieler, Dichter.

Lothringer Weg *Kernstadt* *K 11*

1917, Stichweg nach Süden 1984.

Nach Lothringen, französisch Lorraine, und der dort ansässigen Bevölkerung. 1871-1918 Bestandteil des Deutschen Reiches. 1940-1944 von deutschen Truppen besetzt.

Ludwig-Beck-Straße *Schloß Neuhaus* *D 7*

1976

Ludwig Beck, 1880-1944, Generaloberst, Chef des Generalstabes des Heeres 1935-1938; 1938 Rücktritt während der Sudetenkrise. Gehörte zur Widerstandsgruppe gegen den Nationalsozialismus. 1944 von Hitler zum Selbstmord gezwungen.

1969-1976: *Goerdelerstraße*, siehe ebd.

Ludwig-Erhard-Straße *Schloß Neuhaus* *D 7*

1977

Ludwig Erhard, 1897-1977, Professor, CDU-Politiker, seit 1949 Mitglied des Bundestages, Hauptvertreter der sozialen Marktwirtschaft; Bundeswirtschaftsminister 1949-1963, Vizekanzler 1957-1963, Bundeskanzler 1963-1966.

Ludwigstraße *Kernstadt* *MN 10*

1897

Ludwig I., der Fromme, 778-840. Römisch-deutscher Kaiser 814-840. Berief 815 einen Reichstag in der Kaiserpfalz in Paderborn ein, Zustimmung zur Gründung des Kloster Neu-Corbie (Corvey). 822 verlieh er der Paderborner Kirche die Immunität.

Ludwigstraße *Kernstadt*

siehe Eckstraße

Lülingsberg *Dahl* *P 19, 20*

1976

Nach einem Flurnamen. Lü(ui)ling = Spatz, Sperling.

Lütgen Schildern *Kernstadt*
siehe Westernmauer

Lüthenweg *Wewer* *Q 5*
1976
Pater Bernhard (Bonaventura) Lüthen, 1844-1911, schloß sich 1881 dem Gründer des Salvatorianer-Ordens an, gründete mit Freifrau Maria von und zu Brenken 1868 in Wewer den ersten Mütterverein in der Diözese Paderborn.
1970-1976: *Schulweg*, nach der anliegenden Schule.

Lützowstraße *Kernstadt*
siehe Bessenstraße

Luise-Hensel-Straße *Kernstadt* *M 11, 12*
[1920]
Luise Hensel, 1798-1876, Paderborner Dichterin, bestattet auf dem Ostfriedhof. Denkmal in den Anlagen auf dem Liboriberg.
Bis [1920]: *Töterlöh*, siehe Auf der Töterlöh.

Luise-Hensel-Straße *Elsen*
siehe Luisenstraße

Luisenstraße *Elsen* *K 4, 5*
1976
Nach Luise Hensel. Siehe Luise-Hensel-Straße.
1962-1976: Luise-Hensel-Straße, siehe ebd.

Wewer von Südosten, 1930er Jahre

Mackensenweg *Schloß Neuhaus* *C 7, 8*

1938

August von Mackensen, 1849-1945, preußischer Generalfeldmarschall.

Mährenstraße *Kernstadt* *K 11*

1917

Mähren: Landschaft um die obere und mittlere March in Tschechien. Bis 1918 Österreich-Ungarn.

Tschechisch: *Morava.*

Mälzerstraße *Kernstadt* *N 9, 10*

1897

Nach der Mälzerei der bis 1984 an der Borchener Straße ansässigen Aktien- und Vereinsbrauerei/Paderborner Brauerei. 1959: Verlängerung bis zur Sighardstraße.

Siehe auch Alte Brauerei und Brauerstraße.

Teilstück zwischen Sighardstraße und Wollmarktstraße [1893] 1948-1976: Im Siechenfeld. Nach einem Flurnamen, der auf das hier gelegene, 1333 erstmals urkundlich erwähnte Siechenhaus zum hl. Georg (siech = krank) zurückgeht, in das Aussätzige (Leprakranke) aufgenommen wurden; 1780 abgerissen.

Märker Weg *Kernstadt* *J 11*

1962

Nach der in der Mark Brandenburg lebenden Bevölkerung, den Märkern.

Mallinckrodtstraße *Kernstadt* *MN 11 (d 5)*

1897 [1933]

Pauline von Mallinckrodt, 1817-1881, 1842 Begründerin einer privaten Blindenanstalt (Mutter der Blinden), 1847 „Von-Vincke'sche-Provinzial-Blinden-Anstalt für Westfalen", heute Westfälische Schule für Blinde. 1849 Gründerin der Kongregation der Schwestern der Christlichen Liebe. 1985 Seligsprechung.

Im Mittelalter: *Tiefer Weg*, Hohlweg, Erosionsrinne.

Siehe auch Von-Vincke-Weg.

Mallinckrodtstraße *Elsen*
siehe Elsanastraße

Maltaweg *Kernstadt* *L 10*
1994
Malta: Inselstaat im Mittelmeer. Die dort weit verbreitete Liborius-Verehrung führte seit den 1950er Jahren zu engen kirchlichen und weltlichen Kontakten mit Paderborn.

Malvenweg *Kernstadt* *K 12*
1964
Malve: Kräuter- und Zierpflanze.

Marfordingweg *Kernstadt* *L 10*
1995
Dr. Fritz Marfording, 1891-1938, Rechtsanwalt und Notar, Mitglied der Stadtverordnetenversammlung Paderborn, Kommandeur des Paderborner Bürger-Schützen-Vereins 1831. e. V. 1937-1938.

Margaretenstraße *Kernstadt* *O 11*
1958
Margarete aus Antiochia, gestorben um 307, Heilige, Märtyrerin unter Kaiser Diokletian. Im Mittelalter beliebte Volksheilige und Nothelferin der Bauern.

Margarethenberg *Dahl* *O 18*
1993
Nach einem Flurnamen.
Margarete aus Antiochia, gestorben um 307, Heilige, Märtyrerin unter Kaiser Diokletian. Im Mittelalter beliebte Volksheilige und Nothelferin der Bauern. Patronin der katholischen Pfarrkirche Dahl.

Margaretenstraße *Sande*
siehe Anemonenweg

Maria-Adämmer-Weg *Sande* *E 2*
1997

Maria Adämmer, 1885-1974, Hebamme im Amtsbezirk Schloß Neuhaus 1957-1970.

Maria-Bee-Straße *Schloß Neuhaus* *K 8*

1998

Maria Bee, 1889-1981, Hebamme in Schloß Neuhaus 1923-1959.

Maria-Fischer-Weg *Benhausen* *J 17*

1988

Maria Fischer, 1901-1990, geboren in Benhausen, förderte das Wohl ihres Heimatortes durch großzügige Spenden.

Mariengässchen *Kernstadt*

siehe Marienstraße

Marienloher Straße *Schloß Neuhaus* *HJ 7-10 (g 2)*

1938

Führt vom Stadtteil Schloß Neuhaus zum Stadtteil Marienloh. Bis 1938: *Dorfstraße,* siehe auch An der Talle.

Teilstück von der Schloßstraße bis zur Eisenbahnüberführung 1938-1976: *Bahnhofstraße*, nach dem am 1.7.1902 in Betrieb genommenen Bahnhof und der am selben Tag eröffneten Eisenbahnstrecke Paderborn-Brackwede. Der Bahnhof wurde 1979 geschlossen und 1980 abgerissen.

Stichstraße nach Norden, etwa gegenüber der Von-der-Reck-Straße, 1938-[1955]: *Neuer Weg*. [1955]-1993: *Eduard-Benteler-Straße*, Eduard Benteler, 1884-1942, Gründer der Benteler-Werke in Bielefeld 1908, 1922 Zweigwerk in Neuhaus. Bis 1993 standen 6 Wohnhäuser an der Straße, heute Fabrikgelände.

Verbindungsweg zwischen Schloßstraße (südl. der Paderbrücke abzweigend) und *Eduard-Benteler-Straße* 1938-[1965]: *Gartenpfad*, bis [1965] standen 4 Wohn-häuser am Weg, heute Fabrikgelände.

Marienmünsterweg *Kernstadt* *N 12*

1960

Marienmünster: Stadt im nördlichen Teil des Kreises Höxter; 1128 als Benediktinerkloster gegründet, mit Mönchen aus

Corvey besetzt, 1803 aufgehoben. Im Mittelalter enge Beziehungen zum Kloster Abdinghof in Paderborn.

Marienplatz *Kernstadt* *M 10 (c 3)*

[1904] 1909

Nach der 1861 dort aufgestellten Mariensäule. Standort der alten Marktkirche, wahrscheinlich unter Bischof Badurad (815-862) als Pfarrkirche der Marktsiedlung erbaut, 1784 wegen Baufälligkeit abgerissen. Der Platz, eingeebnet und mit einer Ketteneinfassung versehen, wurde von den Bürgern Kettenplatz genannt.

[1889] 1897: *Kettenplatz.*

Marienplatz *Schloß Neuhaus*

siehe Schloßstraße

Marienstraße *Kernstadt* *M 10 (c 2,3)*

1930 und 1950

Nach dem Brand der Möbelfabrik Stadler 1928 (siehe auch Otto-Stadler-Straße), wurde 1930 der Durchbruch vom Marienplatz zur *Weberstraße* geschaffen. Siehe auch Marienplatz.

Teilstück von der Westernmauer bis Königstraße [1805]-1950: *Protgasse* (auch *Protsgasse*). Nach einer dort ansässigen Familie Prot. 1856 erfolgte der Durchbruch der Stadtmauer in Verlängerung der Protsgasse, der dann im Volksmund „*Berliner Tor*" genannt wurde.

Teilstück von der Königstraße bis Im Düstern [1892]-1950: *Weberstraße*, urkundlich 1422 genannt. Im Mittelalter waren hier zahlreiche Weberfamilien ansässig , siehe auch Weberberg.

Verbindung, als Hausdurchgang, vom Marienplatz zur Straße Im Düstern [1908]: *Mariengässchen.*

Markt *Kernstadt* *M 11 (c 3, 4)*

[1885] 1897

Bereits 1521 gab Bischof Erich von Braunschweig-Grubenhagen (1508-1532) den Bürgern die Erlaubnis, einen Wochenmarkt abzuhalten. 1604 legte Fürstbischof Dietrich von

Fürstenberg als Marktstandort den westlichen Teil des heutigen Marktes fest. Alte Bezeichnung: Kohlgrube.
Kohlgruben dienten vermutlich als Aufbewahrungsort für Holzkohlenvorräte. In alten Urkunden Paderborns wird häufig eine Colegrowe, Koelgrube, Kollgrube erwähnt.

Marschallteich *Schloß Neuhaus* *EF 9-11*
1976
Nach einem Flurnamen.
1938-1976: *Bodelschwinghweg*, siehe auch Bodelschwinghstraße.

Marsenweg *Kernstadt* *KL 12*
1968
Marsen: Germanischer Volksstamm.
Beteiligung mit Brukterern und Cheruskern an der Varusschlacht (Schlacht im Teutoburger Wald 9 n. Chr.).

Marstallstraße *Schloß Neuhaus* *H 7 (ef 1)*
1946
Nach dem anliegenden Marstall, einem Gebäude zur Unterbringung der Pferde und Wagen des fürstbischöflichen Hofes. Der Marstall wurde erbaut 1729-1731 im Auftrag des Fürstbischofs Clemens August von Bayern nach Plänen des Baumeisters Franz Christoph Nagel. Nach der Säkularisation (1802-1803) militärisch genutzt; 1993/94, anläßlich der Landesgartenschau Nordrhein-Westfalen 1994, umfassend restauriert und u. a. für verschiedene städtische Museen eingerichtet.
1938-1946: *Kasernenstraße*, nach der Kaserne im Schloßgelände.

Martinskamp *Benhausen* *J 17*
1976
Nach dem Namen des früheren Hofbesitzers.
Siehe auch Am Biekenkamp.
Bis 1976: *Pappelweg,* Pappel: Baumgattung.

Martinsplatz *Kernstadt*
siehe Konrad-Martin-Platz

Martinstraße *Kernstadt*
siehe Konrad-Martin-Straße

Maspernplatz *Kernstadt* *L 10 (a 3)*
[1935]
Nach der bereits 1036 erwähnten und später in Paderborn aufgegangenen Siedlung Aspethera.
[1860]-[1935] *Konviktplatz*, nach dem 1860 bei einem alten Befestigungsturm errichteten Theologenkonvikt (heute als Heiersburg bezeichnet, Jugendherberge seit 1929). Konvikt 1895 zur Leostraße verlegt, siehe ebd.

Mastbruchstraße *Schloß Neuhaus* *E-H 8-10*
1963
Mastbruch: Ehemalige Gemeindehude (Hude = Weidefläche zur Viehmast), teilweise auch zum Torfstechen genutzt (Bruch = feuchtes Gelände). Seit dem 17. Jh. in der schriftlichen Überlieferung erwähnt.
1938-1963: *Mastbruchweg.*
Teilstück zwischen Husarenstraße und Thuner Weg 1954-1962: *Drosselweg*, siehe ebd.

Mastbruchweg *Schloß Neuhaus*
siehe Mastbruchstraße

Masurenweg *Marienloh* *F 12, 13*
1969
Masuren: Landschaft im Südosten der früheren preußischen Provinz Ostpreußen. Polnisch: *Mazury*.
Bis 1969: *Birkenweg*, siehe ebd.

Mathildenstraße *Kernstadt* *MN 11*
[1935]
Mathilde: Heilige, um 890-968, Gemahlin des deutschen Königs Heinrich I. (919-936), Mutter Ottos des Großen, Stammutter des sächsischen Kaiserhauses aus Wittekinds Geschlecht.

Max-Planck-Straße *Schloß Neuhaus* *E 6, 7*
1972

Max Planck, 1858-1947, Physiker, Begründer der Quantentheorie; 1918 Nobelpreis für Physik, Namensgeber der 1948 in „Max-Planck-Gesellschaft" umbenannten „Kaiser-Wilhelm-Gesellschaft".

Max-Reger-Weg *Kernstadt* *J 12*

1978

Max Reger, 1873-1916, Komponist.

1969-1978: *Robert-Schumann-Weg*, siehe ebd.

Mecklenburgerweg *Kernstadt* *H 10*

1961

Nach den Bewohnern Mecklenburgs.

1984 Verlängerung über An der Talle nach Norden.

Meergasse *Wewer* *Q 5, 6*

1970

Nach einem Flurnamen.

Siehe auch Auf dem Meere.

Bis 1970: *Sackgasse.*

Meerhof *Sande* *F 2, 3*

1997

Nach der Hofstätte der Familie Meermeier, schon im Mittelalter so benannt.

Siehe auch Im Meerfeld.

Hs. Nr. 1-7 und 25-43 1969-1976: *Eichenweg,* Eiche = Baumgattung.

1976-1997: *Rodenbruch*, siehe ebd.

Meerschlag *Wewer* *PQ 5*

1970, 1976

Nach einem Flurnamen. Schlag = Feldstück.

Siehe auch Auf dem Meere.

Hs. Nr. 33-41 1970-1976: *Buchenweg,* Buche = Baumgattung.

Hs. Nr. 14, 35 und 37 1970-1976: *Pappelweg*, Pappel = Baumgattung.

Meierbrede *Neuenbeken* *H 19*

1970

Breit angelegtes Flurstück des ehemaligen Amtshofes Beken, kam nach dessen Wüstwerden um 1430 zum späteren Meierhof.

Meilfesweg *Dahl* *P 19*

1976

Nach dem Hofnamen Meilfes (Schulzenhof).

Meinolfstraße *Kernstadt* *N 10*

[1937/38]

Meinolf: Heiliger, um 794 - 847, ältester Heiliger des Paderborner Landes. Gründer des Stiftes Böddeken.
1897-[1937/38]: *Feldstraße,* nach der Lage im Feld.

Meinolfstraße *Kernstadt*

siehe Am Ostfriedhof

Meinolfusstraße *Schloß Neuhaus*

siehe Derentalstraße

Meinwerkstraße *Kernstadt* *L 11 (ab 4)*

[1889] 1897

Meinwerk, um 976-1036, Bischof von Paderborn 1009-1036. Bedeutendster Paderborner Bischof des Mittelalters, prägte das Stadtbild durch bedeutende Sakralbauten (u. a. Abdinghofkloster, Busdorfstift, Bartholomäuskapelle). 1894 erfolgte der Durchbruch der Stadtmauer im Straßenverlauf.
Siehe auch Immendinger Straße.

Meinwerkstraße *Elsen*

siehe Pastorengrund

Meinwerkstraße *Schloß Neuhaus*

siehe Immendinger Straße

Meisenweg *Kernstadt* *J 10*

1960

Meise: Heimischer Brutvogel.

Melisseweg *Kernstadt* *L 15*

1991

Melisse: Gartenpflanze, Blätter nach Zitronen duftend.

Melkweg *Wewer* *Q 5*

1970

Wurde als Weg zur Hude des Dorfes Wewer benutzt, um dort das Vieh zu melken. Hude = Weidefläche.

Memelstraße *Schloß Neuhaus* *G 7, 8*

1960

Memel: Hauptstadt des Memelgebietes, bis 1919 Kreisstadt im preußischen Regierungsbezirk Königsberg.

Litauisch: *Kleipeda.*

Memelstraße *Kernstadt*

siehe Baltenweg

Mentropstraße *Elsen* *HJ 5*

1976

Heinrich Mentrop, 1889-1967, katholischer Pfarrer in Elsen 1941-1967, Initiator des Baus einer Friedhofskapelle und eines Schwesternhauses mit Kindergarten. 1963 Ehrenbürger der Gemeinde Elsen.

1962-1979: *Ikenbergstraße*, volksmundlich: Ikenberg = Eichenberg.

Merlsheimer Weg *Kernstadt* *M 14*

1983

Merlsheim: Ortschaft im nordwestlichen Teil des Kreises Höxter, Stadt Nieheim.

Merschweg *Schloß Neuhaus* *H 6*

1938

Nach einem Flurnamen. Mersch = fruchtbares Land

Merseburger Straße *Kernstadt* *P 10*

1956

Merseburg: Kreisstadt in Sachsen-Anhalt.

Meßdornstraße *Elsen* *K 5*

1962

Alte Bezeichnung.

Michaelstraße *Kernstadt* *M 10, 11 (bc 3)*

1897

Nach dem anliegenden Michaelskloster mit Michaelskirche. Kloster und Kirche wurden 1696 durch den bedeutenden Barockbaumeister Ambrosius von Oelde im Auftrag des Fürstbischofs Hermann Werner von Wolff-Metternich zur Gracht (1683-1704) erbaut und an die 1658 nach Paderborn berufenen Chorfrauen vom hl. Augustinus, lothringische oder auch französische Nonnen genannt, übergeben.

Teilstück zwischen Am Abdinghof und Am Rothoborn 1831: *Eselgasse.*

Teilstück zwischen Am Rothoborn und Mühlenstraße 1857: *Mühlengasse.*

Durch beide Gassen führten früher Mühlenknechte die mit Korn und Mehl beladenen Mühlenesel zu und von den Padermühlen.

Michaelstraße *Sande und Schloß Neuhaus*

siehe Pater-Ewald-Straße

Milanweg *Kernstadt* *M 15*

1976

Milan: Gabelweihe, Greifvogel.

1959-1976: Habichtsweg, siehe ebd.

Milchstraße *Sande* *C-E 2-4*

1969

Nach der früher in dieser Region intensiv betriebenen Milchwirtschaft, Weg der täglichen Milchsammeltransporte zur Molkerei.

Minzeweg *Kernstadt* *M 14, 15*

1991

Minze: Gewürz- und Heilpflanze.

Mistelweg *Kernstadt* *LM 15*
1991
Mistel: Immergrüner Halbschmarotzer auf Bäumen.

Mittelberg *Dahl* *O 18*
1993
Nach einem Flurnamen.

Mittelstraße *Kernstadt*
siehe Amelungstraße

Mittelweg *Elsen* *H 4, 5*
1962
Alte Bezeichnung.

Mittelweg *Wewer*
siehe Zwetschenweg

Mömmenweg *Schloß Neuhaus* *DE 7*
1938
Nach dem Mömmenbach und dem dort befindlichen Thuner Bauerschaft-Kolonat Mömmenmeier. Mömmenbach: Sennebach, entspringt in der Senne und mündet nordwestlich der Thunemühle in die Thuhne.
Siehe auch Auf der Thune und Thunemühle.

Mönchebrede *Kernstadt* *L 9*
1966
Nach einem Flurnamen (Münchebrede) aus der 1. Hälfte des 17. Jh., als die hier gelegenen und im Eigentum des Fürstbischofs stehenden Gärten pachtweise im Besitz des Benediktinerklosters Abdinghof waren. Gartenbrede = Gartenbreite, gewöhnlich zu beiden Seiten von einer gemeinsamen Gasse begrenzt.
Siehe auch In den Fürstengärten und Annenbrede.

Mörikestraße *Kernstadt* *L 13*
1964
Eduard Mörike, 1804-1875, evangelischer Geistlicher, Lehrer, bedeutender Dichter und Schriftsteller.

Moltkestraße *Kernstadt*
siehe Hans-Humpert-Straße, Imadstraße und Rathenaustraße

Mozartstraße *Schloß Neuhaus* *G 8*
1961
Wolfgang Amadeus Mozart, 1756-1791, österreichischer Komponist.

Mühlengasse *Kernstadt*
siehe Michaelstraße

Mühlengrund *Sande* *H-J 1-3*
1976
Führt zur Altenginger Mühle.
Siehe auch Altenginger Weg und Am Mühlenteich.
1969-1976: *Mühlenstraße*.

Mühlenheide *Elsen* *HJ 4*
1976, 1982
Nach der Altenginger Mühle und der Elser Heide.
1962-1976: *Grüner Weg*, siehe ebd.
Teilstück von der Sander Straße nach Nordosten 1976-1982: *Buschweg.*

Mühlenholzweg *Wewer* *QR 3-5*
1970
Mühlenholz: Flurname, Teil des Sammtholzes.
Siehe auch Sammtholzweg.

Mühlenstraße *Kernstadt LM 10, 11 (b 3, 4)*
1897 und 1950
Nach den zahlreichen Mühlen, die bereits im Mittelalter an den Paderarmen ansässig waren.
Teilstück von der Kisau bis Auf den Dielen 1830: *Bei den Mühlen.*
Teilstück von Auf den Dielen bis Hathumarstraße 1830: *Wassergasse*.
Teilstück von Am Damm bis Michaelstraße 1857: Kisau, siehe ebd.
Teilstück von Am Damm bis Hathumarstraße 70er Jahre des

19. Jh.: Mühlenstraße.
1950: Durchbruch bis zur Meinwerkstraße.

Mühlenstraße *Sande*
siehe Mühlengrund

Mühlenteichstraße *Elsen* *J 4*
1962
Nach einem Flurnamen.
Siehe auch Am Mühlenteich.
Stichstraße zur NATO-Siedlung 1965-1976: *Goerdelerstraße*, siehe ebd.

Mühlentrift *Elsen* *H 4*
1998
Nach dem alten Flußbett der Gunne. Das Wasser der Gunne driftete zur Altenginger Mühle.
Siehe auch Am Gunnebach.

Mühlenweg *Sande und Schloß Neuhaus*
siehe Thunemühle

Münsterstraße *Elsen, Sande, Schloß Neuhaus* *F-K 1-8 (g 1)*
1938
Führt nach Münster.
Münster in Westfalen: Bezirkshauptstadt des gleichnamigen Regierungsbezirks, Universitätsstadt. Die Münsterstraße liegt im Zuge der alten Holländischen Straße, die bereits im Mittelalter der Verbindung Würzburg-Kassel-Paderborn-Münster-Holland diente. Teilstück der Bundesstraße 64.
1970: Verlegung der Bundesstraße 64 aus dem Ortskern Sande.
1986: Bau der Südumgehung zur Entlastung des Ortskerns Schloß Neuhaus.
Teilstück von Höpperbrücke (Paderbrücke bei Einmündung Fürstenallee in Schloßstraße) bis Heinz-Nixdorf-Ring 1938-1986: *Wilhelmshöhe*, siehe auch Wilhelmshöhe.
Teilstück im Stadtteil Sande 1968-1971: *Delbrücker Straße,* Delbrück: Nachbarstadt im nordwestlichen Teil des Kreises Paderborn.

Sande: alte Lippebrücke, 1930er Jahre

Münsterstraße *Schloß Neuhaus*
siehe Residenzstraße

Nachtigallenweg *Schloß Neuhaus* *G 8*
1938
Nachtigal(l) nannte man ein freies Gut bei Neuhaus mit eigener Braugerechtigkeit, dessen Existenz seit dem 17. Jh. nachweisbar ist. Das jetzige Waldhotel Nachtigall ist das Haupthaus des alten Gutes.

Nachtigallenweg *Wewer*
siehe Finkenweg

Nasser Kamp *Schloß Neuhaus* *F 9*
1977
Nasser Kamp: Tiefe (nasse) Weideplätze.
Siehe auch Am Biekenkamp.
1938-1976: *Kämpenweg,* mundartlich „deipen Kämpe" = tiefe (nasse) Weideplätze.
16.12.1976-22.3.1977: *Natte Kamp*, plattdeutsche Bezeichnung.

Nasse Wenne *Schloß Neuhaus* *K 8*
1998
Nach einem Flurnamen. Wenne = Wende.

Natte Kamp *Schloß Neuhaus*
siehe Nasser Kamp

Neissestraße *Schloß Neuhaus* *CD 7*

1976

Neisse: Kreisstadt in der früheren preußischen Provinz Oberschlesien, liegt an der Glatzer Neiße, Nebenfluß der Oder. Polnisch: *Nysa.*

1950-1976: *Schlesierweg,* siehe ebd.

Nesthauser Straße *Elsen und Sande* *G-J 4-6*

1962

Führt von Elsen zum 1296 erstmals urkundlich erwähnten Ortsteil Nesthausen.

Teilstück von der Sander Straße bis Gunnebrücke 1969-1983: *Heinrich-Mentrop-Straße,* siehe Mentropstraße.

Stadtteil Sande:

1969-1976: *Nesthauser Weg*.

Nesthauser Weg *Elsen und Schloß Neuhaus*

siehe Römerstraße

Nettelbeckstraße *Schloß Neuhaus* *G 8*

1976

Joachim Nettelbeck, 1738-1824, Seemann, später Brauer, Bürgeradjutant unter Gneisenau bei der Verteidigung der Stadt Kolberg während der französischen Belagerung 1807. Siehe auch Gneisenaustraße.

1964-1976: *Uhlandstraße,* siehe ebd.

Neuenbekener Straße *Marienloh* *EF 14, 15*

1969

Führt vom Stadtteil Marienloh zum Stadtteil Neuenbeken.

Neuenheerser Weg *Kernstadt* *N 13*

1971

Neuenheerse: Ortschaft im südwestlichen Teil des Kreises Höxter, Stadt Bad Driburg.

Neue Reihe *Dahl* *P 19*

1976

Mundartlich für eine neu angelegte Straße.

Neue Straße — *Schloß Neuhaus*
siehe Busestraße

Neuer Weg — *Schloß Neuhaus*
siehe Marienloher Straße

Neuhäuser Chaussee — *Kernstadt*
siehe Neuhäuser Straße

Neuhäuser Kirchstraße — *Schloß Neuhaus H 7 (g 1, 2)*
1976
Nach der anliegenden katholischen Pfarrkirche St. Heinrich und Kunigunde.
1829: *Bickelweg*, alte Bezeichnung.
1938-1976: *Kirchstraße.*
Teilstück westlich der kath. Pfarrkirche 1938-1976: *Kolpingstraße,* siehe Adolf-Kolping-Straße.

Neuhäuser Straße — *Kernstadt KL 8, 10 (ab 1, 2)*
1897
Führt von Paderborn zum Stadtteil Schloß Neuhaus. Ehemals Teilstück der Bundesstraße 64/68. Bau der Straße 1834.
[1893]: *Neuhäuser Chaussee.*
Teilstück von Kernstadtgrenze bis Heinz-Nixdorf-Ring 1938-1983: *Wilhelmshöhe,* siehe auch Wilhelmshöhe.

Neuhäuser Straße — *Elsen und Schloß Neuhaus*
siehe Verner Straße

Neuhäuser Tor — *Kernstadt LM 10 (b 2)*
[1890] 1897
Tor der mittelalterlichen Stadtbefestigung. Bis zum Ende des 18. Jh. *Riemeketor*, bereits in einer Urkunde aus dem Jahre 1319 Rimbekedor genannt. Der Torturm des Neuhäuser Tores wurde 1872 abgerissen. Beide Torpfeiler am heutigen Tor wurden 1872 vom ehemaligen Westerntor umgesetzt.
Siehe auch Riemekestraße.

Niedernhof — *Wewer QR 4-5*
1970
Nach dem ehemaligen Niedernhof.

Nieheimer Weg *Kernstadt* *N 13*

1967

Nieheim: Stadt im nordwestlichen Teil des Kreises Höxter.

Niehörsterstraße *Schloß Neuhaus* *C 7*

1995

Ludwig Niehörster, 1921-1987, erster Pfarrer der katholischen Kirchengemeinde St. Michael Sennelager 1983-1987.

Niels-Stensen-Straße *Kernstadt* *L 12, 13*

1976

Dr. med. Niels Stensen, 1638-1686, Arzt, Naturforscher und Theologe, Weihbischof in Paderborn 1680-1686.

1954-1976: *Vüllersweg,* Andreas Vüller, 1831-1931, Bergwerksdirektor, Stadtverordnetenvorsteher in Paderborn 1890-1910, 19 Jahre Mitglied des Paderborner Kreistages. 1910 Ehrenbürger der Stadt Paderborn.

Nikolaus-Groß-Straße *Elsen* *J 4*

1964

Nikolaus Groß, 1898-1945, Gewerkschaftssekretär und Redakteur der Westdeutschen Arbeiterzeitung. Gegner des Nationalsozialismus, 1945 hingerichtet in Berlin-Plötzensee.

Norderneyer Weg *Kernstadt* *H 11*

1968

Norderney: Ostfriesische Nordseeinsel.

Nordhof *Elsen* *HJ 4, 5*

1990

Nach der ehemaligen Hofstätte der Familie Christiansmeyer, nördlichste Hofstätte in der Gemarkung Elsen.

Nordstraße *Kernstadt* *KL 10, 11*

[1905] [1910]

Nach der geographischen Lage zum Zentrum der Kernstadt Paderborn.

1938-1945: *Schlageterstraße*, siehe Im Frieden.

Nordstraße *Wewer*

siehe Waterfurt

Nordwiesen *Elsen* *H 5*
1991
Nach einem Flurnamen.

Nycolaistraße *Dahl* *O 18*
1990
Nycolai, erster Pfarrer in Dahl, 1322 urkundlich erwähnt.

Obere Bielefelder Landstraße *Sande und Schloß Neuhaus*
siehe Bielefelder Straße

Obere Bielefelder Landstraße *Sande*
siehe Teutoburger Straße

Oberer Frankfurter Weg *Kernstadt*
siehe Frankfurter Weg

Obernheideweg *Elsen* *HJ 3*
1976
Nach einem Flurnamen.
1962-1976: *Habichtsweg*, s. ebd.

Oberthstraße *Schloß Neuhaus* *G 8*
1970
Hermann Oberth, 1894-1989, Pionier der Raumfahrt, 1949 Ehrenpräsident der Deutschen Gesellschaft für Weltraumforschung.

Österreicher Weg *Kernstadt* *J 11, 12*
1917
Zur Erinnerung an den Vierbund.
Siehe auch Dr.-Mertens-Weg.

Oeynhauser Weg *Kernstadt* *M 13, 14*
1983
Oeynhausen: Ortschaft im nordwestlichen Teil des Kreises Höxter, Stadt Nieheim.

Oppelner Straße *Kernstadt* *O 9*
1991

Oppeln an der Oder: Hauptstadt der ehemaligen preußischen Provinz Oberschlesien.
Polnisch: *Opole.*

Ortspoth *Neuenbeken* *H 19*
1970
Ort: Winkel, hier Rand des historischen Amtshofes (Haupthofes) Beken; Poth, Puhl, Pol = Wasserstelle.

Ortwehr-Straße *Neuenbeken* *H 19*
1993
Ort: Rand, hier Grenze des historischen Amtshofes (Haupthofes) Beken; Wehr = Graben.

Osmanenweg *Kernstadt*
siehe Lemgoer Straße

Ostallee *Elsen* *K 5, 6*
1962
Nach der geographischen Lage zur Ortsmitte Elsen und in Erinnerung an die bis 1945 an der Straße stehenden Ulmen.

Ostenländer Straße *Sande* *D-F 1-3*
1969
Führt vom Stadtteil Sande nach Ostenland. Ostenland: Ortschaft im nordwestlichen Teil des Kreises Paderborn, Stadt Delbrück. Teilstück der Landstraße 813.

Osterberg *Sande* *F 3, 4*
1993
Nach einem Flurnamen.

Osthoffsgarten *Schloß Neuhaus* *J 8*
1969
Nach der Familie Osthoff, ursprünglich Besitzer des umliegenden Geländes.

Ostmarkstraße *Kernstadt*
siehe Rotheweg

Ostpreußenweg *Marienloh* *F 12, 13*

1969

Ostpreußen: Frühere preußische Provinz im Osten des ehemaligen Deutschen Reiches.

Ostring *Kernstadt*

siehe Herbert-Schwiete-Ring

Ostweg *Benhausen* *J 17*

1972

Nach der geographischen Lage zur Ortsmitte Benhausen.

Ottenhauser Weg *Kernstadt* *M 14*

1984

Ottenhausen: Ortschaft im nordwestlichen Teil des Kreises Höxter, Stadt Steinheim.

Otto-Hahn-Straße *Schloß Neuhaus* *E 6, 7*

1972

Otto Hahn, 1879-1968, Chemiker, Atomforscher, Präsident der Max-Planck-Gesellschaft 1948-1959, 1944 Nobelpreis für Chemie.

Ottonenweg *Kernstadt* *K 11*

1984

Ottonen oder Liudolfinger: Sächsisch-deutsches Herrschergeschlecht, das von Heinrich I. (919) über Otto I.-III. und bis Heinrich II. (1024) für ein Jahrhundert das Deutsche Reich regierte.

Otto-Stadler-Straße *Kernstadt* *JK 13*

1971

Otto Stadler, 1865-1944, fortschrittlicher Paderborner Unternehmer. Inhaber der am Marienplatz ansässigen „Werkstätten Bernhard Stadler Paderborn", in denen qualitätvolle Möbel und ab 1924 auch Schiffseinrichtungen hergestellt wurden. 1908 Gründung einer später staatlich anerkannten Lehrlingsschule. Eine Brandkatastrophe zerstörte 1928 die Werkstätten Stadler.

Otto-Wels-Straße *Kernstadt* *LM 8*

1989

Otto Wels, 1873-1939, bedeutender SPD-Politiker, Mitglied des Reichstages 1912-1933, Vorsitzender der SPD 1931-1933. Gegner des Nationalsozialismus, emigriert 1933 nach Prag, 1938 nach Paris.

Paderberg *Kernstadt* *M 10 (c 3)*

[1894] 1897

Nach Lage am Quellbereich der Pader.

Paderborner Straße *Elsen und Schloß Neuhaus* *K 5-8*

1962, 1976

Führt vom Stadtteil Elsen durch die Gemarkung Schloß Neuhaus in die Kernstadt Paderborn.

Im Stadtteil Schloß Neuhaus 1938-1976: *Alme Aue*, siehe Almeaue.

Paderborner Straße *Neuenbeken*

siehe Hildesheimer Hellweg

Elsen: Gaststätte Fernhomberg („Kaiserkrug") an der Einmündung der Ostallee (links) in die Paderborner Straße (rechts) um 1965, abgerissen 1976. Heute Standort der Autobahnbrücke über die Paderborner Straße.

Paderborner Straße *Schloß Neuhaus*
siehe Schloßstraße

Paderborner Straße *Wewer*
siehe Barkhauser Straße

Paderbruch *Kernstadt* *L 10*
1972
Nach einem Flurnamen. Bruch = sumpfiges Gelände.

Padergasse *Kernstadt* *M 10 (bc 2)*
1897
Gasse von der Königstraße zum westlichen Paderquellgebiet.

Padersteinweg *Kernstadt* *KL 8, 9*
1987
Emil Paderstein, 1846-1929. Bankier und Inhaber des 1832 von seinem Vater Julius gegründeten, 1897 in eine Aktiengesellschaft umgewandelten, 1904 in der Bergisch-Märkischen Bank und mit dieser 1914 in der Deutschen Bank aufgegangenen Bankhauses Paderstein. Zeitweise Vorsteher der jüdischen Gemeinde Paderborn, Stadtverordneter 1902-1910, 1903 preußischer Kommerzienrat; machte namhafte Spenden und Stiftungen für karitative und gemeinnützige Zwecke.
Teilstück zwischen Fürstenweg und Weierstraßweg:
1965-1987: *Johannes-Hatzfeld-Weg,* siehe ebd.

Paderstraße *Kernstadt* *L 10 (ab 1, 2)*
1897
Nach der parallel zum Straßenverlauf fließenden Pader.
1913 Verlauf von der Paderbrücke am Wall bis zum Fürstenweg, 1948 ab *Sporckstraße* bis zum Fürstenweg nur Fußweg.
Teilstück abknickend nach Süden bis zur Neuhäuser Straße
1897-1976: *Sporckstraße*, siehe auch Sporckweg.

Paderstraße *Schloß Neuhaus*
siehe Padulusstraße

Paderwall *Kernstadt* *L 10 (ab 2)*
1987

Nach der in der Nähe fließenden Pader. Am Paderwall sind noch Reste der mittelalterlichen Stadtbefestigung mit Wall, Graben und Stadtmauer erhalten.

Padulusstraße *Schloß Neuhaus* *H 7 (fg 2)*

1976

Nach der Padulus-Quelle, erstmals erwähnt in der zweiten Hälfte des 17. Jh. von Fürstbischof Ferdinand II. von Fürstenberg in seinem Werk „Monumenta Paderbornensia". Hauptstein der Brunneneinfassung mit Preisgedicht Ferdinands II. auf die Quelle erhalten in der Mauer der Mühlenwerke. Mundartliche Bezeichnung für diesen Neuhäuser Altstadtbezirk: Ninive.

1938-1976: *Paderstraße,* nach der in der Nähe fließenden Pader.

Pagendarmweg *Kernstadt* *J 12*

1982, 1987

Paul Pagendarm, 1891-1953, Paderborner Lehrer, Biologe und Heimatforscher; Verfasser zahlreicher Beiträge zur Geschichte der Stadt Paderborn und des Paderborner Landes.

Paggels Hof *Wewer* *Q 5*

1980

Nach dem ehemaligen Hof der Familie Paggels.

Pankratiusstraße *Kernstadt* *NO 10, 11*

1947

Pankratius: Heiliger, starb 304 in Rom den Märtyrertod. Einer der drei Eisheiligen.

Bis 1947: *Immelmannstraße,* Max Immelmann, 1890-1916, Kampfflieger im 1. Weltkrieg.

Papenberg *Benhausen* *K 15, 16*

1972

Nach einem Flurnamen.

Pappelallee *Sande* *F 3*

1969

Pappel: Baumgattung.

Pappelweg *Benhausen*
siehe Martinskamp

Pastorengrund *Elsen* *J 4*
1976
Durchquert das früher zum Pastorat gehörige Grundstück.
1962-1976: *Meinwerkstraße*, siehe ebd.

Pastorskamp *Dahl* *P 19*
1982
Ehemalige Weide in Kirchenbesitz.
Siehe auch Am Biekenkamp.

Pater-Ewald-Straße *Schloß Neuhaus und Sande* *CD 6, 7*
1977
Pater Ewald Wegener, 1910-1970, katholischer Pfarrvikar in Sennelager 1957-1969.
1938-1963: *Heideweg*, siehe ebd.
1963-16.12.1976: *Michaelstraße,* Michael: Heiliger, einer der Erzengel.
Stadtteil Sande:
1969-1976: *Michaelstraße.*
16.12.1976-27.3.1977: *Ewaldstraße*, siehe Pater-Ewald-Straße.

Paul-Gerhardt-Straße *Schloß Neuhaus* *CD 7, 8*
1976
Paul Gerhardt, 1607-1676, evangelischer Geistlicher und Kirchenliederdichter.
Bis 1969 Trasse der ehemaligen Eisenbahnstrecke zur Munitionsanstalt im Truppenübungsplatz Senne.
1969-1976: *Von-Stauffenberg-Straße*, siehe ebd.

Paulinenstraße *Kernstadt* *M 11*
[1925]
Pauline von Mallinckrodt, 1817-1881, siehe auch Mallinckrodtstraße.
Der ursprünglich geplante Ausbau bis zur Husener Straße wurde nicht ausgeführt.

Paul-Löbe-Straße *Schloß Neuhaus* *G 8*

1976

Paul Löbe, 1875-1967, Schriftsetzer, SPD-Politiker, 1920-1933 Mitglied des Reichstages, 1920-1924 und 1925-1932 Reichstagspräsident; Gegner des Nationalsozialismus. 1949-1953 Mitglied des Bundestages.

1962-1976: *Dessauerweg,* Leopold I. von Anhalt-Dessau, 1676-1747, preußischer Feldmarschall („der alte Dessauer").

Paul-Michels-Weg *Kernstadt* *N 13*

1978

Paul Michels, 1881-1970, Stadtbaurat in Paderborn 1919-1936, Verfasser zahlreicher lokal- und kunsthistorischer Arbeiten. 1957 Kulturpreisträger der Stadt Paderborn.

Peckelsheimer Weg *Kernstadt* *M 14*

1983

Peckelsheim: Ortschaft im südlichen Teil des Kreises Höxter, Stadt Willebadessen.

Peitz Knapp *Wewer*

siehe Dorfstraße

Pelizaeusstraße *Kernstadt* *L 11 (a 5)*

1960

Johanna Pelizaeus, 1824-1912, 1859 Begründerin der privaten katholischen höheren Töchterschule in Paderborn; staatliche Anerkennung mit dem 1903-1913 angegliederten „Höheren Lehrerinnenseminar" 1911, 1929 verstaatlicht, seit 1974 städtisches Pelizaeus-Gymnasium.

Penzlinger Straße *Kernstadt* *L 11 (ab 5)*

1897

Nach dem Flurnamen Penzlinger Feld.

Siehe auch Kleine Penzlinger Straße.

Personstraße *Kernstadt* *M 9*

1920

Gobelin Person, 1358-1421, katholischer Geistlicher, Pfarrer der 1784 abgerissenen Marktkirche in Paderborn 1392-1405.

Musikgelehrter, bedeutender Historiker des Mittelalters; Verfasser des „Cosmidromius", einer Weltgeschichte von der Schöpfung bis 1418.
[1920]-[1937/38]: *Personstraße* als Verbindung der Bahnhofstraße mit der Neuhäuser Straße geplant.
Siehe auch Wolff-Metternich-Straße.

Pestalozzistraße *Elsen* *K 6*
1969
Johann Heinrich Pestalozzi, 1746-1827, Erzieher, Sozialreformer und Schriftsteller, geistiger Schöpfer der modernen Volksschule.

Peter-Hille-Weg *Kernstadt* *N 12*
1940
Peter Hille, 1854-1904, geboren in Erwitzen, Kreis Höxter, Dichter und Schriftsteller; Hauptvertreter der Berliner Bohéme, Aphoristiker, mystisch-versonnener Lyriker des Impressionismus.
[1937]: *Hohlweg,* nach der Lage im Gelände.

Petersstraße *Kernstadt* *LM 12*
1960
Wilhelm Peters, 1860-1946, Mitglied der Paderborner Stadtverordnetenversammlung und Stadtverordnetenvorsteher 1911-1933, Direktor der Bonifatius-Druckerei 1911-1935. 1946 Ehrenbürger der Stadt Paderborn.
1969 Verlängerung bis Brandisstraße.

Pfälzer Weg *Kernstadt* *KL 11*
1966
Pfälzer: deutscher Volksstamm.
1984 Stichweg nach Norden.

Pfarrer-Franzkowiak-Weg *Kernstadt* *N 12*
1999
Heinrich Franzkowiak, 1914-1999, Geistlicher Rat, 1952-1968 Rektor und Religionslehrer an den Schulen des St. Michaelsklosters, erster Pfarrer an der Katholischen Pfarrkirche St. Marien (Maria zur Höhe) 1968-1988.

Pferdekamp *Sande* *E 2*

1997

Nach einem Flurnamen.

Siehe auch Am Biekenkamp.

Hs. Nr. 37, 43 und 47 1976-1997: *Vogelweide*, siehe ebd.

Philosophenweg *Kernstadt* *LM 12*

1967

Volksmundliche Bezeichnung; örtliche Gegebenheiten inspirieren zum „philosophieren".

Pichts Hof *Kernstadt* *N 12*

1984

Nach der ehemaligen Hofstätte des Bauern Picht (1964 abgerissen).

Piepenturmweg *Kernstadt* *LM 12-14*

[1904]

Nach dem Piepenturm, Wach- und Signalturm der alten Paderborner Landwehr.

1629: *Pipenwech.*

Pionierweg *Schloß Neuhaus* *CD 7, 8*

1938

Pionier: Truppengattung.

Pipenwech *Kernstadt*

siehe Piepenturmweg

Pipinstraße *Kernstadt* *MN 10*

[1904] [1910]

Pipin, 777-810, zweiter Sohn Karls des Großen und seiner Gemahlin Hildegard, König der Langobarden und Statthalter in Italien.

Pirolweg *Kernstadt* *J 9, 10*

1949

Pirol: Goldamsel, früher in dieser Region heimisch.

Plaßmannstraße *Kernstadt* *M 12*

1951

Otto Plaßmann, 1861-1932, Jurist, Bürgermeister der Stadt Paderborn 1895-1919, seit 1912 mit dem persönlichen Titel „Oberbürgermeister". 1931 Ehrenbürger der Stadt Paderborn.

Platanenweg *Kernstadt* *N 11*

1990

Platane: Baumgattung.

Plesserstraße *Elsen* *K 4, 5*

1976

Theodor Plesser, 1880-1961, Tischler, langjähriger Gemeinde-, Amts- und Kreisvertreter der Gemeinde Elsen. 1959 Ehrenbürger der Gemeinde Elsen.

1969-1976: *Kilianstraße*, siehe Kilianplatz.

Pohlweg *Kernstadt* *M-Q 11-13*

1897

Nach dem am Ende des Weges auf der Haxter Höhe gelegenen Pohl (Pfuhl), einem mit Wasser gefüllten Erdfall (geologisch Doline). Bereits im Urkataster 1830 genannt.

Pommernstraße *Schloß Neuhaus*

siehe Lahrkampstraße

Pommernweg *Kernstadt* *J 11*

1962

Nach der in Pommern lebenden Bevölkerung.

Pommern durch die Oder in Vor- und Hinterpommern geteilt; Vorpommern heute Bundesland Mecklenburg-Vorpommern; Hinterpommern polnisch: *Pomorze.*

Pontanusstraße *Kernstadt* *MN 8*

1934

Matthäus Brückner (Bruggener), lateinisch Pontanus, stammte aus Hildburghausen in Thüringen, gestorben 1624, Buchdrucker, gründete 1597 die erste Buchdruckerei in Paderborn.

Poppelreuterstraße *Kernstadt* *K 11, 12*

1953

Dr. med. Dr. phil. Walther Antonius Poppelreuter, 1886-1939, Professor. Wirkte nach dem 1. Weltkrieg bahnbrechend in der Behandlung Hirnverletzter. Standort der ersten Hirnverletzten-Siedlung in Paderborn, Baubeginn 1953.

Postweg *Benhausen* *HJ 16, 17*

1972

Nach der bis 1997 am Weg befindlichen Poststelle. Frühere Bezeichnung: *Fleipensweg*, nach einem alten Hofnamen.

Preussenweg *Kernstadt*

siehe Bonifatiusweg

Protsgasse *Kernstadt*

siehe Marienstraße

Querweg *Kernstadt* *N-S 10-12*

[1889] 1897

Weg zur 1036 in der Gründungsurkunde des Busdorfsstiftes erwähnten und im 14. Jh. wüst gefallenen Siedlung Queden. Mundartlich entwickelte sich der Name Querweg.

Querweg *Elsen*

siehe Binnernweg

Querweg *Schloß Neuhaus*

siehe Albert-Schweitzer-Straße

Raabestraße *Kernstadt* *KL 13*

1960

Wilhelm Raabe, 1831-1910, Dichter und Romanschriftsteller. Pseudonym Jacob Corvinus.

Rackowstraße *Kernstadt*

siehe Hans-Humpert-Straße

Raiffeisenstraße *Elsen* H 4,5

1972

Friedrich Wilhelm Raiffeisen, 1818-1888, Gründer der Raiffeisenvereine und -kassen (Genossenschaftswesen).

Randebrockstraße *Kernstadt* *L 14*

1983

Randebrock: Bedeutende Paderborner Orgelbauanstalt 1854-1888. Zahlreiche Orgeln im westfälischen Raum und für den Export nach Übersee (Australien, Brasilien) stammen aus der Werkstatt dieses Unternehmens.

Rathausplatz *Kernstadt* *M 10, 11 (cd 3)*

1897

Platz vor dem Rathaus.

Rathaus im Stil der Weserrenaissance erbaut 1613-1620.

Im Mittelalter Standort des Marktes.

Rathenaustraße *Kernstadt* *LM 9*

1947

Walther Rathenau, 1867-1922, Präsident der AEG. Reichsminister für Wiederaufbau 1921, Reichsminister des Äußeren 1922. 24.6.1922 in Berlin ermordet.

1897-1947: *Moltkestraße.*

Siehe auch Hans-Humpert-Straße, Imadstraße und Von-Moltke-Straße.

Ratsbruch *Elsen* *H 5*

1990

Nach einem Flurnamen; das Gelände gehörte zur früheren Hofstätte der Familie Rath.

Ravensberger Weg *Kernstadt*

siehe Friedrich-von-Spee-Straße

Recksweg *Benhausen* *J 16*

1972

Nach dem anliegenden Reckshof.

Reinekengasse *Kernstadt* *MN 11 (d 5)*

Bezeichnung aus der Kataster-Urvermessung um 1830.

Reinherstraße *Kernstadt* *N-O 12*

1980

Reinher (Reinherus), um 1124 – um 1181, Lehrer an der Paderborner Domschule, Mathematiker; Schrittmacher für die Kalenderreform und die moderne Rechenkunst.

Reismannweg *Kernstadt* *LM 11 (b 5)*

1959

Heinrich Reismann, 1850-1921, Begründer einer privaten höheren Bürgerschule (Realschule) 1888, heute Städtisches Reismann-Gymnasium.

Bis 1959 (Ausbau Gierstor): *Benhauser Straße*, siehe ebd.

Reismannweg *Kernstadt*

siehe Benhauser Straße

Reiterpfad *Schloß Neuhaus* *F 8*

1969

Nach den bis zum Zweiten Weltkrieg in Neuhaus und Sennelager stationierten berittenen Truppenteilen.

[um 1960]-1969: *Habichtsweg*, siehe ebd.

Rellerbusch *Elsen und Schloß Neuhaus* *H 6*

1978

In Anlehnung an den benachbarten Hof Rellermeier.

1962-1978: *Kiefernweg*, siehe ebd.

Rellerbusch *Elsen*

siehe Am Glockenbusch

Rembertstraße *Kernstadt* *M 9,10 (d 1)*

1897

Rembert von Kerssenbrock, 1474-1568, Fürstbischof von Paderborn 1547-1568.

Siehe auch Kerssenbrockallee.

Renkerweg *Neuenbeken* *GH 18*

1970

Trasse des alten Kreu(t)zweges in Richtung Redingerhof (Renkenhof); 1886 erstmalig Renkerweg genannt.

Schloß Neuhaus: Residenzstraße von Südwesten, im Hintergrund der Turm der katholischen Pfarrkirche St. Heinrich und Kunigunde, 1930er Jahre

Renkumer Weg *Kernstadt* *J 11*

1976

Renkum: Geburtsort Bischof Meinwerks, Bischof von Paderborn 1009-1036.

1962-1976: *Eichsfelder Weg*, Eichsfeld: Landschaft südwestlich des Harz. Zwischen dem Eichsfeld und Paderborn bestanden von jeher enge kirchliche Beziehungen.

Siehe auch Eichsfelder Straße.

Residenzstraße *Schloß Neuhaus HJ 7 (fg 1,2)*

1938

Neuhaus war 1257-1802 Residenz (Wohnsitz) der Fürstbischöfe des Fürstbistums Paderborn. Teilstück der Landstraße 756.

1829: *Hauptstraße*, alte Bezeichnung.

Hs. Nr. 1-17 um 1920-1938: *Bielefelder Straße*, siehe ebd., ehemals Teilstück der Bundesstraße 68.

Hs. Nr. 4-24 und 19-41 um 1920-1938: *Münsterstraße*, siehe ebd., ehemals Teilstück der Bundesstraße 64.

Reumontstraße *Kernstadt* *L 9,10 (a 1, 2)*

1897

Balduin von Reumont, Gouverneur von Wiedenbrück, befreite im Dreißigjährigen Krieg 1646 die Stadt Paderborn von hessischer Besatzung.

Bis 1897: *Breite Gasse*, diente zur Aufschließung der Gärten in der Mönchebrede, siehe ebd.

Rhederweg *Kernstadt* *M 14, 15*
1999
Rheder: Ortschaft im Kreis Höxter, Stadt Brakel.

Rhododendronbogen *Schloß Neuhaus*
siehe Gartenstadt

Richterstraße *Kernstadt* *L 12*
1948
Wilhelm Richter, 1854-1922, Professor am Gymnasium Theodorianum 1884-1921. Verfasser bedeutender Arbeiten zur Geschichte Paderborns, u. a. der ersten Stadtgeschichte.

Richthofenstraße *Kernstadt*
siehe Josef-Schröder-Straße

Rickertsfeld *Sande* *F 3*
1993
Nach der Hofstätte Rickert (Dirksmeyerhof).

Ried *Marienloh* *F 13*
1980
Ried: Riedgras, ursprüngliche Vegetation des umliegenden Geländes.

Riemekestraße *Kernstadt* *M 8-10 (d 1)*
[1889]1897
Riemeke: Nach einem Flurnamen; auch das westliche Stadtviertel wird so genannt. Aus verschiedenen Schreibweisen, z. B. Rimbike (1103), Rimbeke (1319), Rymeke (1446) entwikkelte sich im Laufe der Jh. die heute gebräuchliche Schreibweise. Bestimmend ist auch der Riemeke-Bach mit dem Quellteich Reimeke-Kolk im Riemeke-Park.

Riemeketor *Kernstadt*
siehe Neuhäuser Tor

Rimbecker Weg *Kernstadt* *N 14*

1990

Rimbeck: Ortschaft im südlichen Teil des Kreises Höxter, Stadt Warburg.

Ringelsbruch *Elsen* *O 4,5*

1962

Nach einem Flurnamen (Rindersbrok); gemeinsam genutzte Bruchweide für das Vieh der Paderborner Westernhudegenossenschaft, sowie der Eingesessenen von Wewer, Salzkotten und Scharmede. Bruch: feuchtes, sumpfiges Gelände.

Ringstraße *Schloß Neuhaus* *EF 8*

1956

Führt ringförmig auf den Thuner Weg zurück.

Rippinger Weg *Kernstadt*

siehe Dahler Weg

Robert-Koch-Straße *Kernstadt* *KL 11, 12*

1966 u. 1986

Dr. Robert Koch, 1843-1910, Professor, Arzt und Bakteriologe, Begründer der modernen Bakteriologie, entdeckte u. a. 1882 den Tuberkelbazillus, bekämpfte erfolgreich Malaria, Schlafkrankheit, Typhus. 1905 Nobelpreis für Medizin.
Stichstraße ab Cheruskerstraße nach Süden 1953-1986: *Am Schlachthof*, Zufahrt zum ehem. Städtischen Schlachthof.

Paderborn: Riemekestraße von Westen, 1906

Robert-Schumann-Weg *Kernstadt* *J 12*

1969

Robert Schumann, 1810-1856. Komponist und Musikschriftsteller, bedeutendster Meister der deutschen Romantik. Durch den Ausbau der Augustdorfer Straße 1987 Sackstraße.

Siehe auch Max-Reger-Weg.

Rochusweg *Kernstadt* *K 9*

[1937/38]

Rochus: Heiliger, um 1295-1327, Patron der Pestkranken. Ursprünglicher Weg zur Rochus-Kapelle, siehe auch An der Kapelle.

Rodenbruch *Sande* *F 3*

1976

Nach der ehemaligen Hofstätte Rodenbröker.

Bruch = Sumpfland.

Hs. Nr. 2-20 und 58-68 1969-1976: *Lindenweg*, siehe ebd.

Roeinghstraße *Kernstadt* *L 8*

1988

Theodor Roeingh, 1882-1945, Absolvent des Gymnasium Theodorianum; Landwirt, Mitglied des Reichstages und des preußischen Landtages bis 1933. Gehörte zum Widerstand gegen den Nationalsozialismus. 1945 gestorben im Konzentrationslager.

Römerstraße *Elsen und Schloß Neuhaus* *HJ 5,6*

1977

Nach dem Flurnamen „Am Römerberg". Siehe auch Alisostraße.

1962-1976: *Auf dem Meere*, siehe ebd.

16.12.1976-22.3.1977: *Henry-Dunant-Straße*, Henry Dunant, 1828-1910, Schweizer Philanthrop und Schriftsteller, Urheber der Genfer Konvention (1864) und des Roten Kreuzes, 1901 Friedensnobelpreis mit Fredéric Passy.

In der Gemarkung Schloß Neuhaus 1938-1976: *Nesthauser Weg*, fortgefallen durch veränderten Ausbau der Einmündung der Römerstraße in die Münsterstraße.

Römischer Weg *Kernstadt*
siehe Bahnhofstraße

Roener Weg *Wewer* *PQ 7-9*
1970
Nach dem Flurnamen „Roen".

Rohrbachweg *Kernstadt* *J 12*
1982
Josef Rohrbach, 1893-1967, Lehrer und Heimatforscher, Vorsitzender des Heimatvereins Paderborn e. V. 1934-1935 und 1945-1967. Verfasser heimatkundlicher Schriften.

Rolandsgärten *Kernstadt* *L 10*
1976
Roland: Rohes, rauhes Land.
1971-1976: *Brockhöfe*. Nach einem Flurnamen.

Rolandsweg *Kernstadt* *L 10, 11*
1897
Siehe Rolandsgärten.
Bis 1897: *Am Roland*.

Roncalliplatz *Neuenbeken* *H 19*
1974
Angelo Guiseppe Roncalli, 1881-1963, katholischer Priester, Papst Johannes XXIII. 1958-1963.
Alte Bezeichnung: *Weme*, Weme oder Wedeme = Pfarrgut, Pfarrhof.
1970-1974: *Kirchweg*.

Roonstraße *Schloß Neuhaus* *C 7*
1976
Albrecht Graf von Roon, 1803-1879, preußischer General, Kriegsminister 1859-1873, 1873 Generalfeldmarschall und preußischer Ministerpräsident.
1957-1973: *Jägerweg*, siehe ebd.
1973-1976: *Erwin-Rommel-Straße*, siehe ebd.

Roonstraße — *Kernstadt*
siehe Erzberger Straße

Rosekamp — *Wewer* — *Q 6*
1983
Nach einem Flurnamen.
Siehe auch Am Biekenkamp.

Rosengasse — *Kernstadt*
siehe Rosenstraße

Rosenhagen — *Schloß Neuhaus* — *E 6,7*
1972
Rosenhag: Eine Hecke von Rosenbüschen.

Rosenstraße — *Kernstadt* — *M 10 (d 3)*
[1892]1897
Nach einem Festungsturm der mittelalterlichen Stadtmauer, Rosenturm genannt. 1828/29 wurde der Turm abgerissen und 1847 im Zuge der Rosenstraße ein neues Stadttor angelegt.
Siehe auch Rosentor.
Bereits in einer Urkunde von 1333 wird eine *Rosenstrata* erwähnt.
1834: *Rosengasse*.

Rosenstraße — *Sande*
siehe Rosmarienstraße

Rosenstrata — *Kernstadt*
siehe Rosenstraße

Rosentor — *Kernstadt* — *M 10 (d 3)*
1847
Nach dem 1847 erfolgten Durchbruch der Stadtmauer und Bau der Toranlage.
Siehe auch Rosenstraße.

Rosmarinstraße — *Sande* — *F 2, 3*
1976

Rosmarin: Immergrüner Strauch, Lippenblütergattung, Topfpflanze.
1969-1976: *Rosenstraße*, Rose: Stachliger Blütenstrauch.

Roswithastraße *Kernstadt* *O 11*
1958
Roswitha: 935-1002, Nonne im Benediktinerinnenkloster Gandersheim, christliche Dichterin.

Rothestraße *Kernstadt*
siehe Rotheweg

Rotheweg *Kernstadt* *H-K 11, 12*
1947
Rothe: Bach, entspringt in einem Quellteich beim Kreßpohl, nordöstlich vom Dören; bereits 1602 „Rotebecke" genannt; mündet an der Hans-Humpert-Straße in die Pader.
Ab Österreicher Weg nach Norden 1917: *Vierbundweg*, siehe auch Dr.-Mertens-Weg.
[1920]: *An der Rothe*,
[Mitte 1920er]: *Rothestraße*,
[1938]-1947: *Ostmarkstraße*, alter Name für Österreich, 1938 Anschluß Österreichs an das Deutsche Reich.

Rudolphiweg *Kernstadt* *M 9*
1956
Johann Georg Rudolphi, 1633-1693, bedeutendster Barockmaler des Hochstiftes Paderborn.

Rummelsberg *Wewer* *P 5*
1982
Nach einem Flurnamen.

Saarstraße *Kernstadt* *N 11*
1938
Saarland: Land an der Saar (Saargebiet), 1920 einer Völkerbundskommission unterstellt, nach einer Volksabstimmung 1935 Rückgliederung an das Deutsche Reich. 1946 durch die französische Besatzungsmacht erneut ausgegliedert und eigene Verwaltungs- und politische Einheit unter

enger Bindung an Frankreich. Nach erneuter Volksabstimmung (1955) und Saarvertrag zwischen der Bundesrepublik und Frankreich (1956) 1957 Land der Bundesrepublik.

Sachsenweg *Kernstadt* *H 11*
1917
Nach dem westgermanischen Volksstamm der Sachsen.

Sackstraße *Wewer*
siehe Meergasse

Sälzerstraße *Wewer*
siehe Weltsöden

Salbeiweg *Kernstadt* *LM 14, 15*
1991
Salbei: Gartenpflanze, Heilkraut.

Salentinstraße *Kernstadt* *M 9, 10*
1897
Salentin von Isenburg, 1532-1616, Kurfürst und Erzbischof von Köln 1567-1574, Fürstbischof von Paderborn 1574-1577. Förderer des Schul- und Bildungswesens; seine besondere Fürsorge galt der Paderborner Domschule (Gymnasium Salentinianum), aus der das heutige Gymnasium Theodorianum hervorging.

Salierstraße *Kernstadt* *KL 11*
1976
Salier: Fränkisch-salisches Herrschergeschlecht, regierte von Konrad II. (1024) über Heinrich III.-V. (1125) das Deutsche Reich.
[1910]-1976: *Bruchstraße*, nach dem früher feuchten und sumpfigen Gelände.

Salvatorstraße *Schloß Neuhaus* *D 7*
1959
Nach dem ehemaligen Salvatorkolleg Heilandsfrieden.
Siehe auch Am Heilandsfrieden und Klosterweg.

Salzkottener Straße *Elsen, Wewer* *N-P 3-7*

1962

Führt von der Kreisstadt Paderborn nach Salzkotten. Salzkotten: Stadt im westlichen Teil des Kreises Paderborn.

Die Salzkottener Straße liegt im Verlauf des Großen Hellweges vom Niederrhein nach Magdeburg. Teilstück der Bundesstraße 1. Die heutige, durchgehend begradigte Straße wurde um 1819 angelegt.

Im Stadtteil Wewer bis 1970: *Hellweg.*

Salzkotter Chaussee *Kernstadt*

siehe Bahnhofstraße

Salzkotter Weg *Kernstadt*

siehe Bahnhofstraße

Sammtholzweg *Wewer* *QR 4*

1973

Nach dem benachbarten Sammtholz, das bis 1838 in gemeinschaftlicher Nutzung (Viehude und Holz) des Freiherrn von Brenken, des Freiherrn von Imbsen, der Gemeinde Wewer, der Stadt Salzkotten, des Gutes Dreckburg und des Domänenfiskus stand.

Sammt = samt = gemeinschaftlich, siehe auch Im Samtfelde.

Sanddornweg *Elsen* *J 5*

1976

Sanddorn: Dornstrauch mit silbrigen Blättern und gelben Beeren.

1962-1976: *Erlenweg*, siehe ebd.

Sanddornweg *Elsen*

siehe Schlehdornweg

Sandebecker Weg *Kernstadt* *M 14*

1983

Sandebeck: Ortschaft im nordwestlichen Teil des Kreises Höxter, Stadt Steinheim.

Sander-Bruch-Straße *Sande* *B-F 2-6*

1976

Durchquert das Sander Bruch, eine alte bäuerliche Kulturlandschaft. Bruch = Sumpfland.

Ab Einmündung Klausheider Straße bis Bielefelder Straße 1969-1976: *Bruchstraße.*

Hs. Nr. 27-47 und 42-58 1969-1976: *Klausheider Straße*, siehe ebd.

Hs. Nr. 7, 13-25 und 2, 28-38 1969-1976: *Triftstraße*, siehe Triftweg.

Sander Straße *Elsen und Sande* *G-J 3, 4*

1962

Führt vom Stadtteil Elsen zum Stadtteil Sande.

Hs. Nr. 72-78 1965-1976: *Alfred-Delp-Straße*, siehe Delpstraße.

Hs. Nr. 80-114 1965-1976: *Von-Stauffenberg-Straße*, siehe ebd.

Im Stadtteil Sande 1969-1976: *Elsener Straße.*

Sander Straße *Schloß Neuhaus*

siehe Sennelagerstraße

Sandhöfener Straße *Sande* *G-J 1-3*

1969

Führt nach Sandhöfen, Ortsteil von Sande.

Sandknapp *Elsen* *H 4*

1997

Plattdeutsche Bezeichnung für Sandhügel, die sich früher auf diesem Gelände befunden haben.

Siehe auch Knapp.

Sandweg *Kernstadt* *JK 10*

1948

Nach der Bodenbeschaffenheit dieser Region.

Sattyweg *Kernstadt* *L 12*

1956

Christoph Ignatz Satty, gestorben 1816, Bürgermeister der

Stadt Paderborn 1773-1780 und 1785-1793. Hinterließ sein Vermögen als Stiftung für die Armen.

Schäfergasse *Kernstadt*
siehe Kamp

Schäfermeierhof *Sande* *F 3*
1999
Alte Hofbezeichnung aus dem 18. Jahrhundert.

Schäferweg *Kernstadt* *K 11, 12*
[1939/40]
Nach den früheren Weidefluren in dieser Region.
Stichstraße östlich Malvenweg ab Schäferweg nach Süden 1965-1970: *Holunderweg*, am 25.6.1970 aus dem Straßenverzeichnis der Stadt Paderborn gestrichen.

Scharmeder Stadtweg *Elsen* *N 3-6*
1962
Führt von Scharmede zur Stadt Paderborn. Scharmede: Ortschaft im westlichen Teil des Kreises Paderborn, Stadt Salzkotten.

Scharmeder Straße *Elsen* *L-N 3-5*
1962, 1976
Führt vom Stadtteil Elsen nach Scharmede. Teilstück der Kreisstraße 32. Siehe auch Scharmeder Stadtweg.
Teilstück von der Wewerstraße bis zur ehemaligen Bahnstation Elsen (Aufhebung 30. 5. 1988) 1962-1976: *Bahnhofstraße.*

Scharnegasse *Kernstadt* *M 10, 11 (c 3)*
1950
Scharne: Gebäude, in dem sich bis zum Beginn des 19. Jh. die Verkaufsstände der Metzger befanden. Bereits im Mittelalter erwähnt.
Alte Bezeichnung: *In der Scharn*.
1831: *Hinter dem Rathaus.*

Schatenstraße *Kernstadt*
siehe Giefersstraße

Schatenweg *Schloß Neuhaus* *F-H 7-11*

1946

Nikolaus Schaten, 1608-1676, Jesuit, Geschichtsschreiber des Fürstbistums Paderborn, verfaßte „Annales Paderbornenses"; begraben in der Neuhäuser Pfarrkirche.

1938-1946: *Hindenburgweg*. Siehe auch Dr.-Rörig-Damm.

Scherfeder Straße *Kernstadt* *N 13, 14*

1972

Scherfede: Ortschaft im südlichen Teil des Kreises Höxter, Stadt Warburg.

Schildern *Kernstadt* *M 10, 11 (c 3, 4)*

1897

Schildern: Westlicher Zugang zur Domburg, bereits zur Zeit Karls des Großen. Urkundliche Ersterwähnung 1345. Der Straßenname findet sich in Abwandlungen auch in zahlreichen anderen Orten. Eine klare Deutung ist bisher nicht möglich.

1345: *Schildernstrate,*

1350: *Scylderstrate,*

1365: *In den Schilderen,*

1409 und 1452: *In dem Schildern.*

Schildern *Wewer*

siehe Johannesweg

Schildernstrate *Kernstadt*

siehe Schildern

Schillerstraße *Schloß Neuhaus* *J 8*

1959

Friedrich von Schiller, 1759-1805, Dichter, Jurist, Mediziner. Teilstück ab Marienloher Straße (früher Bahnhofstraße) bis Dr.-Grasso-Straße (früher Grüner Weg) 1938-1959: *Grüner Weg*, siehe ebd.

Schillstraße *Kernstadt*

siehe Giefersstraße

Schinkendamm *Kernstadt*
siehe Dr.-Rörig-Damm

Schlageterstraße *Kernstadt*
siehe Nordstraße

Schlageterstraße *Schloß Neuhaus*
siehe Im Frieden

Schlaunstraße *Schloß Neuhaus* *G 7*
1959
Johann Conrad Schlaun, 1695-1773, geboren in Nörde, heute Stadt Warburg, Schüler am Gymnasium Theodorianum, berühmter Barockbaumeister, errichtete 1718 in Paderborn den Dalheimer Hof, Kamp 38, heute Erzbischöfliches Palais.

Schlaunstraße *Kernstadt*
siehe Asseburgstraße

Schlehdornweg *Elsen* *HJ 5, 6*
1985
Schleh-, Schwarzdorn: Dorniger Steinobststrauch.
1962-1976: *Erlenweg*, siehe ebd.
1976-1985: *Sanddornweg*, siehe ebd.

Schlesierweg *Marienloh* *F 13*
1969
Schlesier: Bewohner der früheren preußischen Provinzen Ober- und Niederschlesien.

Schlesierweg *Schloß Neuhaus*
siehe Neissestraße

Schleswiger Weg *Kernstadt* *HJ 10, 11*
1917, 1968
Schleswig: Ehemaliges Herzogtum, nördlicher Teil des Bundeslandes Schleswig-Holstein, siehe auch Holsteiner Weg.
1917-1968: Verbindungsweg zwischen Haustenbecker Straße (früher Senneweg) und Bayernweg, ursprünglicher Verlauf fortgefallen durch Neuplanung und Bebauung.

Schloß Neuhäuser Straße *Marienloh*
siehe An der Talle

Schloßstraße *Schloß Neuhaus* *H-K 7, 8 (fg 2)*
1946 und 1976
Nach dem um 1370 bis 1597 erbauten ehemaligen fürstbischöflichen Residenzschloß. Ehemals Teilstück der Bundesstraße 64/68.
Von der Schloßkreuzung bis Paderbrücke 1938-1946: *Paderborner Straße.*
Von der Paderbrücke bis Höpperbrücke (Paderbrücke bei Einmündung Fürstenallee) 1938-1976: *Paderborner Straße.*
Platz vor der katholischen Pfarrkirche St. Heinrich und Kunigunde in Schloß Neuhaus ursprünglich: *Marienplatz*, Maria: Mutter Jesu, Heilige Jungfrau. Beginn 1920er Jahre-1933: *Koksplatz*, ehemaliger Marktplatz, befestigt mit Koksasche der Benteler-Werke. 1933-1945: *Adolf-Hitler-Platz*, siehe Friedrichstraße. 1945-[1991]: *Marienplatz*.

Schlotmannstraße *Dahl* *PQ 18, 19*
1976
Anton Schlotmann, 1871-1947, katholischer Pfarrer in Dahl 1920-1947, Verfasser der ersten Ortsgeschichte. Teilstück der Kreisstraße 1.

Schluchtweg *Dahl* *P 19*
1976
Nach dem örtlichen Verlauf.

Schmitteberg *Dahl* *P 19*
1976
Nach dem Standort der ehemaligen Bergschmiede Knievel.
Schmitte = Schmiede.
Siehe auch Schmittenweg.

Schmittenweg *Benhausen* *J-M 16, 17*
1972
Nach dem Urkataster 1829. Erinnert an den alten Siedlungsplatz Marsfelde im Süden des Ortes. Dort gefundene Eisen-

schlacken deuten auf Eisenverhüttung (Smeden, Schmitten) hin. Siehe auch Schmitteberg.

Schönborner Straße *Neuenbeken* *H 20*
1970
Schönborn: Stadt in der früheren preußischen Provinz Niederschlesien. Polnisch: *Sulikow*.

Scholandstraße *Benhausen* *J 17*
1977
Johannes Scholand, 1864-1926, Lehrer und Schulleiter in Benhausen 1899-1925. Initiator und Mitbegründer der Spar- und Darlehnskasse Benhausen und der örtlichen Landwirtschaftlichen Bezugsgenossenschaft.

Schorlemerstraße *Kernstadt* *N 11*
1897
Dr. Burghard Freiherr von Schorlemer-Alst, 1825-1895. Mitglied des Preußischen Abgeordnetenhauses und des Deutschen Reichstages 1870-1895. Begründer und Vorsitzender des Westfälischen Bauernvereins.

Schrieweshof *Elsen* *K 5*
1984
Nach der alten Hofstätte der Familie Schulze-Schriewesmeyer.

Schubertweg *Kernstadt* *J 11, 12*
1966
Franz Schubert, 1797-1828, Komponist der Romantik.

Schütten Kamp *Schloß Neuhaus* *G 8*
1995
Nach der Hofstätte Schütte (später Kürpick).
Siehe auch Am Biekenkamp.

Schützenplatz *Kernstadt* *K 10*
[1889]
Festplatz des Paderborner Bürger-Schützen-Vereins 1831 e. V.
Siehe auch Schützenweg.

Schützenstraße *Schloß Neuhaus*
siehe Henricusstraße

Schützenweg *Kernstadt* *KL 10 (a 3)*
[1892] 1897
Weg zum Schützenplatz.
Siehe auch Schützenplatz.

Schulbreite *Kernstadt*
siehe Auf der Schulbrede

Schulstraße *Kernstadt* *M 9, 10 (c 1)*
[1889] 1897
Nach der ehemaligen Volksschule am Beginn der Straße (Hs. Nr. 2).

Schulstraße *Sande*
siehe Dirksfeld

Schulweg *Marienloh*
siehe Am Sportplatz

Schulweg *Wewer*
siehe Lüthenweg

Schulze-Delitzsch-Straße *Kernstadt* *M 12, 13*
1964
Franz Hermann Schulze, geboren 1808 in Delitzsch, gestorben 1883. Mitglied des Preußischen Abgeordnetenhauses seit 1861 und des Deutschen Reichstages seit 1867. Begründer des gewerblichen Genossenschaftswesens.

Schulzenhof *Elsen* *JK 5, 6*
1983
Nach dem ehemaligen Schulzenhof, einem früheren Meierhof.

Schwabenweg *Kernstadt* *HJ 11*
1917
Schwaben: Deutscher Volksstamm, westgermanischer Stamm der Sueben (Sweben).

Neuenbeken: Missionshaus der Schwestern vom Kostbaren Blute, um 1960

Schwaneyer Weg *Kernstadt* *N 13*

1967

Schwaney: Ortschaft im nordöstlichen Teil des Kreises Paderborn, Gemeinde Altenbeken.

Schwarzer Weg *Marienloh* *DE 14*

1969

Volksmundliche Bezeichnung.

Schweinegasse *Kernstadt*

siehe Alte Torgasse

Schwester-Constantine-Straße *Neuenbeken* *H 19*

1993

Schwester Constantine, geb. Helene Rempe, 1866-1949, Schwester im Missionshaus Neuenbeken (Kongregation der Missionsschwestern vom Kostbaren Blute), Kriegslazarettschwester 1914-1915, Krankenpflege- und Säuglingsschwester in Neuenbeken und Umgebung.

Scylderstrate *Kernstadt*

siehe Schildern

Seeallee *Schloß Neuhaus* *E 7*

1972

Nach dem in der Nähe liegenden Thuner See.

Sellinghusener Straße *Neuenbeken* *H 18, 19*

1970

Selinghusen: Mittelalterliche Siedlung, als Gründungssiedlung von Altenbeken anzusehen.

Senefelderstraße *Kernstadt* *JK 13, 14*

1973

Aloys Senefelder, 1771-1834, Erfinder der Lithographie (Steindruck).

Sennebahnhof *Schloß Neuhaus* *DE 7*

1976

Nach dem am 1.7.1902 in Betrieb genommenen Bahnhof an der am selben Tag eröffneten Eisenbahnstrecke Paderborn-Brackwede.

1938-1976: *Bahnhofstraße.*

Sennelagerstraße *Sande und Schloß Neuhaus* *D-F 3-7*

1960 und 1976

Verbindet als Landstraße 815 die Stadtteile Sande und Schloß Neuhaus-Sennelager.

Im Stadtteil Schloß Neuhaus-Sennelager 1938-1976: *Sander Straße.*

Sennemühlenweg *Sande* *C-F 2*

1969

Führt zur Sennemühle am Haustenbach in Mühlensenne, einem Ortsteil von Ostenland.

Siehe auch Ostenländer Straße.

Senneweg *Marienloh* *E 13, 14*

1969

Senne: Heidelandschaft nördlich Marienloh, Teilgebiet seit 1892 Truppenübungsplatz.

Senneweg *Kernstadt*

siehe Haustenbecker Straße

Sertürnerstraße *Schloß Neuhaus* *H 7 (fg 1)*

1938, Verlängerung 1983
Friedrich Wilhelm Adam Sertürner, 1783-1841, Apotheker, entdeckte 1803/04 in der Cramerschen Hofapotheke Paderborn das Morphium, geboren in Neuhaus Nr. 133 a (hinter Hausstätte Nr. 30, dort Gedenkstein).
1829: *Complimentenstraße*, alte Bezeichnung; mundartliche Bezeichnung für diesen Neuhäuser Altstadtbezirk: Klumpsack.

Sertürnerstraße *Kernstadt*

siehe Weierstraßweg

Sertürnerstraße *Schloß Neuhaus*

siehe Kaiser-Heinrich-Straße

Seskerbruch *Kernstadt* *H 12-14*

1897
Seskerbruch: Samthude (=gemeinschaftliche Hude) nördlich der Paderborner Landwehr. Ükern-, Kämper- und Giershudegenossen waren hier hudeberechtigt. Hude = Weidefläche. Der Name deutet auf eine alte Siedlung im 16. Jh. Seißinghusen, Seißingen.

Seydlitzstraße *Schloß Neuhaus* *FG 8, 9*

1969
Friedrich Wilhelm von Seydlitz, 1721-1773, preußischer General, Reiterführer Friedrichs II. von Preußen.

Siemenshof *Sande* *F 2*

1997
Nach der anliegenden Hofstätte der Familie Siemens (später Engelbertz).

Sighardstraße *Kernstadt* *N 9, 10*

[1931]
Sighard (Sigehard): Erster Abt des Klosters Abdinghof, eingesetzt 1016. Er gehörte zu den 13 Benediktinern, die Bischof Meinwerk 1015 aus dem Kloster Cluny in Frankreich nach Paderborn brachte.

Simonstraße *Elsen* *K 4*

1962

Simon von Cyrene, trug Christus das Kreuz; 5. Station des Passionsweges.

Sommerau *Marienloh* *F 13*

1970

Volksmundliche Bezeichnung.

1969-1970: *Heideweg*, siehe ebd.

Sommerseller Weg *Kernstadt* *M 14*

1984

Sommersell: Ortschaft im nördlichen Teil des Kreises Höxter, Stadt Nieheim.

Sonnenberg *Dahl* *O 18, 19*

1976

Nach einem Flurnamen.

Bis 1976: *Am Brakenberg*, siehe Brakenberg.

Spanckenweg *Kernstadt* *O 13*

1978

Dr. hc. Wilhelm Siegfried Adolf Spancken, 1803-1886, Absolvent des Gymnasium Theodorianum, Kreisgerichtsrat in Paderborn, Landeshistoriker.

Sperberweg Schloß Neuhaus E 8

1976

Sperber: Greifvogel.

1956-1976: *Eichendorffstraße*, siehe auch Von-Eichendorff-Straße.

Spirinkstor *Kernstadt*

siehe Kasseler Tor

Spitalmauer *Kernstadt* *L 10 (b 2)*

1897

Nach dem am Ende der Straße stehenden ehem. Hospitalgebäude (Pesthaus), Hs. Nr. 12, des 1628 gegründeten Kapuzinessenklosters (heute St. Vincenz-Krankenhaus 2, Landeshospital).

Alte Bezeichnung: *Hinter der Mauer*.
1803-1897: *Lazarettstraße*, nach der Säkularisation (1802) Militärlarazett; später Ausrüstungsmagazin der 8. Husaren, heute Wohnhaus.

Sporckstraße *Kernstadt*
siehe Paderstraße

Sporckweg *Schloß Neuhaus* *G 8*
1938
Johann Graf von Sporck, 1595-1678, auf dem Sporckhof in Schöning (Delbrück) geboren, Kaiserlicher Feldmarschall und Reichsgraf.

Stadtlanfert *Kernstadt* *OP 8*
1993
Lanfert: Mittelalterliche Paderborner Landwehr.

Stadtlanfert *Wewer*
siehe Barkhauser Straße

Stadthaide *Kernstadt*
siehe Taubenweg

Stadtheide *Kernstadt*
siehe Taubenweg

Stadtweg *Benhausen* *J 16, 17*
1972
Nach dem Urkataster 1829. Ehemaliger Verbindungsweg von Benhausen zur Stadt Paderborn, heute Sackstraße.

Stapelstraße *Wewer* *P 6*
1973
Nach der Familie von Stapel.
Siehe auch Brenkenstraße.

Stargarder Straße *Kernstadt* *O 9*
1962
Stargard: Stadt in Hinterpommern. Polnisch: *Szczeciński*.

Stauferweg *Kernstadt* *K 11*

1984

Staufer: Schwäbisches Herrschergeschlecht, von 1138-1254 Kaiser und Könige des Deutschen Reiches (u. a. Friedrich I. „Barbarossa", Heinrich VI.).

Staumühler Straße *Schloß Neuhaus* *A-D 7, 8*

1892

Nach der fürstlichen Staumühle (Stuggemühle) am Oberlauf des Haustenbaches aus der Regierungszeit des Fürstbischofs Wilhelm Anton von der Asseburg (1763-1782).

Frühere Schreibweise: *Staumühlenweg*.

Staumühlenweg *Schloß Neuhaus*

siehe Staumühler Straße

Stedener Feld *Schloß Neuhaus* *K 8*

1996

Steden: Mittelalterliche Siedlung zwischen der Altstadt Paderborn und Neuhaus westlich der Pader, erstmals 1036 urkundlich genannt als Vorwerk des bischöflichen Haupthofes Enenhus, um 1400 untergegangen; die Ländereien wurden fortan von Neuhäuser Ackerbürgern bewirtschaftet.

Steig *Neuenbeken* *H 18, 19*

1970

Steigung am Hang der Heide, Weg von Benhausen zur Pfarrkirche in Neuenbeken.

Steinberg *Kernstadt* *MN 13, 14*

1971

Nach einem Flurnamen.

Steinbrede *Elsen* *KL 6*

1972

Nach einem Flurnamen. Brede: breite Ackerfläche.

Steinbruchweg *Wewer* *P 7*

1969

Nach dem hier gelegenen ehemaligen Steinbruch.

Steinhauser Weg *Kernstadt* *N 14*
1983
Steinhausen: Ortschaft im südwestlichen Teil des Kreises Paderborn, Stadt Büren.

Steinheimer Weg *Kernstadt* *N 13*
1967
Steinheim: Stadt im nordwestlichen Teil des Kreises Höxter.

Steinweg *Wewer* *OP 5, 6*
1970
Nach einem Flurnamen.

Steinweg *Kernstadt*
siehe Heiersstraße

Steinweg *Marienloh*
siehe Bücklerweg

Stemberg *Wewer* *P 6*
1970
Nach einem Flurnamen.

Stembergring *Wewer* *P 6*
1970
Siehe Stemberg. Führt ringförmig auf die Straße Stemberg zurück.
Bis 1970: *Am Bahneinschnitt*, nach der tief in das Gelände eingeschnittenen 1898 eröffneten Eisenbahnstrecke Paderborn-Büren.

Stephanusstraße *Kernstadt* *O 10*
1949
Stephanus: Heiliger, erster christlicher Märtyrer, wurde gesteinigt. Papst Leo III. weihte 799 bei seinem Aufenthalt in Paderborn in Gegenwart Karls des Großen einen Altar in der Krypta der Salvatorkirche (errichtet 777) und legte darin Reliquien des hl. Stephanus.
16.12.1976-22.3.1977: *Julianstraße*, hl. Julian: erster Bischof und Diözesanpatron von Le Mans.
Siehe auch Le-Mans-Wall.

Sternstraße *Wewer* *PQ 5*

1970

Soll auf die 1875 hier auf Gemeindeland erfolgte Bereitstellung von 12 Baugrundstücken für Tagelöhner zurückgehen, eine „Sternstunde" für die in ärmlichen Verhältnissen lebenden Arbeiter.

Stettiner Straße *Kernstadt* *O 8, 9*

1962

Stettin: Stadt an der Oder, Hauptstadt der ehemaligen preußischen Provinz Pommern, bedeutende Hafenstadt an der Ostsee. Polnisch: *Szczecin*.

Steubenstraße *Kernstadt* *JK 12, 13*

1968

Friedrich Wilhelm von Steuben, 1730-1794, preußischer Offizier im Siebenjährigen Krieg. Ging 1777 nach Nordamerika, 1778 Generalstabschef Präsident Washingtons im amerikanischen Unabhängigkeitskrieg.

Steubenstraße *Schloß Neuhaus*

siehe Kempers Kamp

Stiens Kamp *Schloß Neuhaus* *G 9*

1987

Nach der Familie Stiens; der Bereich ist seit 1850 in steter Besitzerfolge innerhalb dieser Familie.

Siehe auch Am Biekenkamp.

Stiftsgasse *Kernstadt* *M 11 (b 5)*

[1908]

Nach dem angrenzenden ehemaligen Busdorfstift.

Stiller Winkel *Schloß Neuhaus* *E 7*

1955

Nach einem Flurnamen.

Stoilstroite *Kernstadt*

siehe Kleppergasse

Stolbergallee *Kernstadt* *KL 10 (a 2)*

1976

Joseph Theodor Graf zu Stolberg, 1804-1859, Landrat des Kreises Büren. Erster Präsident des 1849 in Regensburg gegründeten Bonifatiuswerkes der deutschen Katholiken, dessen Zentrale in Paderborn ansässig ist.

1951-1976: *Hubertusweg*, siehe ebd.

Storchenweg *Sande*

siehe Kiebitzweg

Strang *Neuenbeken* *H 19, 20*

1970

Nach einem Flurnamen. Strang = sich strangartig hinziehendes Gelände.

Straße der SA *Kernstadt*

siehe Kilianstraße

Stresemannstraße *Kernstadt* *M 9*

1962

Gustav Stresemann, 1878-1929, national-liberaler Politiker, gründete 1918 die Deutsche Volkspartei. Reichskanzler 1923, Reichsaußenminister 1923-1929. Vertrat Verständigungspolitik gegenüber Frankreich und eine Zusammenarbeit der europäischen Staaten. 1926 Friedensnobelpreis zusammen mit dem französischen Außenminister Aristide Briand.

Stubenweg *Dahl* *P 18, 19*

1976

Nach einem Flurnamen. Von „Stubben" = Baumstumpf.

Stuhlstraße *Kernstadt*

siehe Kleppergasse

Stulzenhof *Wewer* *Q 5*

1979

Nach dem ehemaligen Stulzenhof.

Sturmiusstraße *Kernstadt* *N 11*

[1937/38]

Sturmius (auch Sturm), um 710-779, Schüler des hl. Bonifatius; erster Abt des 744 gegründeten Klosters Fulda. Karl der Große übertrug ihm die Missionierung der Sachsen im Paderborner Missionssprengel.

Sturmiusstraße *Elsen*

siehe Wiemlake

Sudetendeutsche Straße Kernstadt

siehe Leostraße

Sudetenweg *Marienloh* *F 13*

1969

Sudeten: Gebirgsland zwischen Schlesien und Böhmen, ehemals deutsches Siedlungsgebiet.

Bis 1969: *Bahnweg*, nach der parallel verlaufenden Bahnlinie Paderborn-Bad Lippspringe.

Südhang *Elsen* *M-O 4, 5*

1962

Nach der geographischen Lage zur Ortsmitte Elsen und einem Flurnamen.

Südring *Kernstadt* *NO 11, 12*

1969

Südliches Teilstück des Äußeren Ringes um die Innenstadt.

Südstraße *Sande (früher Hövelhof)A 5, 6*

Nach der früheren geographischen Lage in der Gemeinde Hövelhof.

Südwall *Kernstadt*

siehe Winfriedstraße

Sunderkampstraße *Sande* *EF 2*

1969

Nach einem Flurnamen.

Sundlieth *Benhausen* *J 17*
1972
Nach einem Flurnamen. Lieth: Geneigte Fläche (Abhang) zur Sonne.

Sylter Weg *Kernstadt* *H 10*
1968
Sylt: Größte der deutschen nordfriesischen Inseln in der Nordsee.

Talleweg *Marienloh* *FG 12, 13*
1965, 1969
Talle: Geländevertiefung. Erstmalige Erwähnung beim Erwerb eines Hofes „In der Talle" durch den Abt Albert des Klosters Abdinghof (1226). Tallewiesen seit dem 19. Jahrhundert als Flößwiesen (Bewässerungswiesen) genutzt.
Siehe auch An der Talle.
Bis 1965: *Klusheideweg*, siehe ebd.

Talleweg *Schloß Neuhaus*
siehe Trakehnerstraße

Talweg *Wewer* *Q 5*
1970
Nach der geographischen Lage.

Tannenweg *Kernstadt* *N 11*
1948
Tanne: Baumgattung.

Tannenweg *Elsen*
siehe Föhrenweg

Taubenweg *Kernstadt* *J 9, 10*
1960
Taube: Artenreiche Vogelfamilie.
1897: *Stadthaide.*
[1908]-1960: *Stadtheide*, nach der ursprünglichen Vegetationsform der nördlichen Paderborner Feldmark.

Technologiepark *Kernstadt* *O 11, 12*

1992

Nach den dort ansässigen technischen Unternehmen.

Tegelweg *Kernstadt* *KL 10, 11 (a 4)*

1897, 1969 Verlängerung

Tegel: Plattdeutscher Begriff für Ziegel; Weg zu den Ziegeleien vor Marienloh (dort städtische Ziegelei = Theilhaus/Tegelhaus) und dem lippischen Oesterholz.

17. Jh.: Teilstück der Cöllnischen Landstraße, Abzweigung des Großen Hellweges über Horn nach Braunschweig. Bis 1844 Teilstrecke des Postweges nach Horn und Detmold. Siehe auch Detmolder Straße und Dr.-Rörig-Damm.

[1894]: *Theilweg.*

Teilstück vom Greitelerweg bis Löffelmannweg 1917-1969: *Hermann-Kirchhoff-Straße*, siehe ebd.

Teichweg *Benhausen* *J 16, 17*

1972

Führte an mehreren, heute nicht mehr vorhandenen, Teichen entlang.

Tempelhofer Straße *Kernstadt* *L 12*

1976

Tempelhof: Verwaltungsbezirk im Süden von Berlin; Anfang der 1950er Jahre entwickelte sich durch Kinderlandverschickung Tempelhofer Kinder eine Partnerschaft mit dem Altkreis Büren, diese wurde nach der Gebietsreform 1975 durch den neugebildeten Kreis Paderborn übernommen.

Teutoburger Straße *Sande* *B 6*

1969

Führt in Richtung Teutoburger Wald.

Hs. Nr. 28-32 1969-1976: *Obere Bielefelder Landstraße,* siehe auch Bielefelder Straße.

Theilweg *Kernstadt*

siehe Tegelweg

Paderborn: Theodorstraße von Süden, 1907

Theodor-Heuss-Straße *Kernstadt* *M 9*

1965

Theodor Heuss, 1884-1963, Schriftsteller und Politiker, Mitglied des Reichstages 1924-1928 und 1930-1933, Mitbegründer und erster Vorsitzender der FDP 1946-1949. Erster Bundespräsident der Bundesrepublik Deutschland 1949-1959. Teilstück zwischen Rathenaustraße und Erzbergerstraße 1945-1965: *Imadstraße*, siehe ebd.

Theodor-Heuss-Straße *Elsen*

siehe Letterhausstraße

Theodor-Storm-Weg *Kernstadt* *L 13*

1965

Theodor Storm, 1817-1888, Amtsrichter in Husum, Dichter und Schriftsteller.

Theodorstraße *Kernstadt* *LM 10 (bc 1)*

1897

Dietrich IV. (Theodor) von Fürstenberg, 1546-1618, Fürstbischof von Paderborn 1585-1618. Begründer des Jesuitenkollegs 1592, Grundsteinlegung zum heutigen Gymnasium Theodorianum 1612, Gründung der Jesuitenuniversität 1614

(erste Universität Westfalens). Grabdenkmal im Paderborner Dom von Heinrich Gröninger.
Siehe auch Dietrichstraße.

Therese-Pöhler-Weg *Kernstadt* *J 12*
1970
Dr. phil. Therese Pöhler, 1891-1970, geboren und aufgewachsen in Paderborn, Stadtschulrätin in Köln 1930-1936, westfälische Mundartdichterin, 1961 Kulturpreisträgerin der Stadt Paderborn.
1953-1970: *Triftweg*, Trift oder Drift zur Hudeweide der Stadelhöfer Hudegemeinschaft. Hude = Weidefläche.

Theresienstraße *Kernstadt* *L 11 (ab 5)*
1897
Theresia von Jesu, 1515-1582, Heilige, Karmeliternonne, Prosaschriftstellerin, 1970 zur Kirchenlehrerin erhoben. Patronin von Spanien.

Thienhauser Weg *Kernstadt* *M 14*
1984
Thienhausen: Ortschaft im nordwestlichen Teil des Kreises Höxter, Stadt Steinheim.

Thisaut *Kernstadt* *LM 11 (b 4)*
1897
Thisaut: Straße am Gerichtsbrunnen. Thy, Tyge oder Tigge bedeutet Gerichtsstätte; Saut, Soit oder Soet bedeutet Brunnen. Das Thy-Haus (Uekern-Rathaus) der Maspernbauernschaft stand auf der Ecke Thisaut/Heiersstraße. Es war ein Fachwerkhaus, mit vielen Wappen verziert, und trug die Jahreszahl 1527. An der Nordseite befand sich der Gerichtsbrunnen. 1843 wurde das Haus abgerissen, der Brunnen abgedeckt.
1350: *Thy-Straße*.

Thomas-Mann-Straße *Elsen* *K 5*
1973
Thomas Mann, 1875-1955, Schriftsteller, 1929 Nobelpreis für Literatur.

Thorenknick *Benhausen* *HJ 17*

1983

Erinnerung an die alte Paderborner Landwehr, die als Wallhecke (Knick), parallel zur Bad Lippspringer Straße in Richtung Musenturm (Thoren = Turm) verlief und noch in jüngster Zeit erkennbar war.

Thüringerweg *Kernstadt* *HJ 11*

1917

Thüringer: Germanischer Volksstamm.

Thunemeiershof *Schloß Neuhaus* *K 8*

1998

Nach der im Katasternachweis eingetragenen Bezeichnung „Thunemeiershof". Im 19. Jahrhundert entstand in diesem Bereich die Hofstätte „Thunemeier am Berge", ein Ableger des großen Thunhofes bei Neuhaus. Durch Einheirat kam der Name Benteler auf den Hof.

Siehe auch Am Thunhof und Auf der Thune.

Thunemühle *Sande, Schloß Neuhaus* *E 6, 7*

1976

Nach der am Fluß Thune liegenden Thunemühle, die seit dem 17. Jh. nachweisbar ist und zu den größten Mühlen der Region zählte.

1938-1976: *Mühlenweg*.

Thuner Weg *Schloß Neuhaus* *EF 8-10*

1938

Thune: Vorwerk des bischöflichen Haupthofes Neuhaus (1036); später Bauerschaft-Siedlung Thune am gleichnamigen Fluß.

Siehe auch Am Thunhof und Auf der Thune.

Thuner Weg *Kernstadt*

siehe Dubelohstraße

Thymianweg *Kernstadt* *L 15*

1991

Thymian: Gewürz- und Heilpflanze

Thy-Straße *Kernstadt*
siehe Thisaut

Tiefer Weg *Dahl* *P 19*
1976
Nach dem örtlichen Verlauf.

Tiefer Weg *Kernstadt*
siehe Mallinckrodtstraße

Timmerweg *Elsen* *J 5*
1976
Nach der ehemaligen Hofstätte Timmerberg.
1972-1976: *Ginsterweg*, siehe ebd.

Töterlöh *Kernstadt*
siehe Auf der Töterlöh und Luise-Hensel-Straße

Torgauer Straße *Kernstadt* *P 9*
1956
Torgau: Kreisstadt in Sachsen-Anhalt.

Totenweg *Benhausen*
siehe Eggestraße

Trakehnerstraße *Schloß Neuhaus* *D-G 9-10*
1977
Trakehner: Warmblutpferde von dem ehemaligen Hauptgestüt Trakehnen (1732-1945) im nördlichen Ostpreußen. Russisch: *Jasnaja Poljana*.
1938-1977: *Talleweg*, siehe ebd.

Trampeweg *Kernstadt* *M 12*
1984
Dr. Adolf Trampe, 1886-1914, Absolvent des Gymnasium Theodorianum; Dichter und Gymnasiallehrer in Paderborn.

Trebnitzer Straße *Kernstadt* *N 9*
1996
Trebnitz: Kreisstadt in der preußischen Provinz Niederschlesien, bedeutender Wallfahrtsort. Polnisch: *Trzebnica*.

Triftstraße *Sande*
siehe Sander-Bruch-Straße

Triftweg *Wewer* *Q 5*
1970
Trift: Weg zum Weideauftrieb des Viehs.

Triftweg *Kernstadt*
siehe Therese-Pöhler-Weg

Tröenweg *Benhausen*
siehe In der Drift

Trothastraße *Schloß Neuhaus* *B-E 7-11*
1895
Friedrich von Trotha, 1841-1914, Generalmajor, erster Kommandant des 1892 eingerichteten Truppenübungsplatzes Senne 1892-1893.

Tudorfer Weg *Kernstadt* *N 14*
1983
Niedern- und Oberntudorf: Ortschaften im südwestlichen Teil des Kreises Paderborn, Stadt Salzkotten.

Tulpenweg *Sande* *F 2*
1972, 1997
Tulpe: Zwiebelgewächs.

Turmberg *Dahl* *PQ 20, 21*
1976
Nach einem Flurnamen.

Über dem Wasser *Neuenbeken*
siehe Überwasserstraße

Überwasserstraße *Neuenbeken* *H 18, 19*
1976
Nach einem Flurnamen.
Alte Bezeichnung: *Über dem Wasser*, für die Flurstücke nördlich der Beke gelegen.
1970-1976: *Bergstraße*, am Hang des Beker Berges gelegen.

Ükern *Kernstadt* *L 11 (ab 3, 4)*

[1890] 1897

Ükern: Uckeriges Land, ückeriger Boden in der Bedeutung von feuchter, sumpfiger Boden bzw. Morastgelände. Bereits in einer Urkunde 1328 „uppen Ukern", Textkataster 1778 „Ukeren". Stadtplan 1834 für das Gelände zwischen Krämergasse, Heiersstraße, Heiersmauer und Am Haxthausenhof „Der Uekern". Im Zuge des Wiederaufbaues nach dem großen Ükernbrand 1875, dem insgesamt 117 Bauten zum Opfer fielen, wurde der heutige Straßenverlauf so benannt.

Uekernstraße *Kernstadt*

siehe Hathumarstraße

Uhdenstraße *Neuenbeken* *H 19, 20*

1970

Simon August Uhden, 1785-1869, Glasfaktor, Begründer der Glashütte in Neuenbeken.

Siehe auch Glashüttenstraße.

Uhlandstraße *Kernstadt* *KL 13*

1960

Ludwig Uhland, 1787-1862, Dichter und Schriftsteller. 1848 Mitglied der Nationalversammlung in der Frankfurter Paulskirche.

Uhlandstraße *Schloß Neuhaus*

siehe Nettelbeckstraße

Uhlenbruch *Kernstadt* *N 12*

1935

Nach dem Steinbruch der Familie Uhlen.

Uhlenstraße *Kernstadt* *L 11 (ab 4)*

1897

Nach der im 18. Jh. in diesem Bereich ansässigen Bürgerfamilie Uhlen.

[1834]: *Uhlenwinkel*,

[1889]: *Uhlenwinkelstraße*, vor dem Durchbau zur Straße Am Stadelhof führte die Straße im Winkel zurück zur Heiersstraße.

Uhlenwinkel *Kernstadt*
siehe Uhlenstraße

Uhlenwinkelstraße *Kernstadt*
siehe Uhlenstraße

Ulanenstraße *Schloß Neuhaus* *C 7*
1967
Ulanen: Truppengattung.

Ulmenweg *Kernstadt* *N 11*
1969
Ulme: Baumgattung.

Ulrichstraße *Schloß Neuhaus* *G 8*
1970
Ulrich: Heiliger, 890-973, Bischof von Augsburg. Patron der ersten Pfarrkirche in Neuhaus bis 1668.

Ulrichstraße *Kernstadt*
siehe Josef-Schröder-Straße

Ulrichweg *Kernstadt*
siehe Gaukirchweg

Unkairstraße *Schloß Neuhaus* *G 7*
1959
Jörg Unkair, schwäbischer Baumeister aus Lustnau bei Tübingen, gestorben 1553 in Detmold, genannt Meister Jürgen von Tübingen; baute im Auftrag des Fürstbischofs Erich von Braunschweig-Grubenhagen (1508-1532) das Haus Braunschweig (Südflügel) des Schlosses Neuhaus 1524-1526. Dieser Flügel des Schlosses gilt als frühester Bau der sogenannten Weserrenaissance.

Unterer Frankfurter Weg *Kernstadt*
siehe Frankfurter Weg und Heinz-Nixdorf-Ring

Untern Eichen *Elsen* *J 3*
1976
Nach einem Flurnamen.

1962-1976: *Lindenweg*, siehe ebd.
1962-1976: Teilstück von der Gesselner Straße nach Süden *Eschenweg*, Esche: Baumgattung.

Up de Alm *Elsen*
siehe Auf dem Alme

Urbanstraße *Elsen* *K 4, 5*
1962
Papst Urban I. (222-230), Heiliger, Märtyrer; zweiter Kirchenpatron der St. Dionysius-Pfarrkirche Elsen.

Vattmannstraße *Kernstadt* *L 14*
1983
Clemens Vattmann, 1852-1927, Direktor des Städtischen Gas- und Wasserwerkes 1900-1924. Unter seiner Leitung wurde 1902 im westlichen Paderquellgebiet ein Ozonwasserwerk zur Entkeimung des Wassers der öffentlichen Wasserversorgung errichtet, das wegweisend für den Bau entsprechender Anlagen in ganz Europa (z. B. Nizza, Florenz, Chartres etc.) war.

Veilchenweg *Sande*
1972-1997
Durch Straßenumplanung fortgefallen.

Venneweg *Sande* *D 5, 6*
1979
Nach dem umliegenden, früher moorigen Gebiet.
Venn (Fehn): Bruch, Moor, Sumpf.

Verner Straße *Elsen und Schloß Neuhaus* *JK 6, 7 (g 1)*
1976
Verne: Ortschaft im westlichen Teil des Kreises Paderborn, Stadt Salzkotten; Teilstrecke des seit altersher nachweisbaren Neuhäuser Wallfahrtsweges zum Verner Gnadenbild.
Teilstück der Landstraße 756.
Im Stadtteil Schloß Neuhaus 1938-1976: *Elsener Straße*, siehe ebd.
Im Stadtteil Elsen 1962-1976: *Neuhäuser Straße*, siehe ebd.

Vierbundweg *Kernstadt*
siehe Rotheweg

Vinsebecker Weg *Kernstadt* *M 14*
1983
Vinsebeck: Ortschaft im nordwestlichen Teil des Kreises Höxter, Stadt Steinheim.

Vössingweg *Wewer* *QR 5*
1976
Johann Vössing, 1810-1892, Lehrer 1831-1886, Küster und Organist in Wewer. Förderer des Wewerschen Zwetschenanbaus.
1970-1976: *Amselweg*, siehe ebd.

Vogeliusweg *Kernstadt* *O 12*
1987
Vogelius: Bedeutende Paderborner Patrizierfamilie im 17. und 18. Jh.

Vogelsang *Marienloh* *E 14*
1969
Bezeichnung nach dem Volksmund.

Vogelweide *Sande* *D-F 2*
1976, 1997
Rastplatz der Vögel bei Frühjahrs- und Herbstzügen.
1969-1976: *Wiesenweg*, führte durch Wiesengelände.
1997 südlicher Verlauf durch Straßenumplanung verändert.

Vom-Stein-Straße *Schloß Neuhaus* *G 8*
1960
Karl Reichsfreiherr vom und zum Stein, 1757-1831, preußischer Staatsmann und Diplomat, veranlaßte bedeutende Reformen: u. a. Bauernbefreiung, Städte- und Gemeindeordnung.

Vom Freisenbruch *Marienloh*
siehe Klusheideweg

Von-Beken-Straße *Neuenbeken* *J 18, 19*

1976

Arnold von Beken, Ministeriale des Haupthofes Beken, wurde bekannt durch Teilnahme an einem Kreuzzug 1231. Ministeriale = Dienstmann.

1970-1976: *Am Bahndamm*, Weg zum 1952 geschlossenen Bahnhof.

Vonderbeckweg *Kernstadt* *JK 11*

1984

Vonderbeck: Alteingesessene Paderborner Familie; stellte im 13. Jh. Bürgermeister der Stadt Paderborn.

Von-der-Reck-Straße *Schloß Neuhaus* *J 7, 8*

1976

Dietrich Adolf von der Reck, 1601-1661, Fürstbischof von Paderborn 1650-1661; förderte wirtschaftliche und geistliche Reformen nach dem Dreißigjährigen Krieg.

1938-1976: *Auf dem Kamp*, nach einem Flurnamen.

Siehe auch Am Biekenkamp.

Von-Dript-Weg *Marienloh* *E 14*

1967, 1969, 1987

Laurentius von Dript, gestorben 1686, Generalvikar des Bistums Paderborn 1674-1686, stiftete 1678 die Loreto-Kapelle in Marienloh.

1969-1987: *Von-Drypt-Weg*, Änderung der Schreibweise.

Von-Eichendorff-Straße *Elsen* *KL 4, 5*

1962

Josef Freiherr von Eichendorff, 1788-1857, Jurist, preußischer Staatsbeamter, Dichter der Romantik.

Von-Galen-Straße *Elsen* *J 3*

1973

Clemens August Graf von Galen, 1878-1946, Bischof von Münster 1933, Gegner des Nationalsozialismus und Kritiker der britischen Besatzungspolitik. 1946 Kardinal.

Von-Galen-Straße — *Schloß Neuhaus*

siehe Gneisenaustraße

Von-Hartmann-Weg — *Marienloh* — *EF 13, 14*

1969

Hermann von Hartmann, 1781-1860, Kanoniker des Busdorfstiftes, Stifter der Pfarrkirche St. Josef in Marienloh, Wohltäter der Gemeinde.

Von-Haxthausen-Weg — *Marienloh* — *F 13*

1969

Familie von Haxthausen, Adelsgeschlecht, Grundherren in Marienloh.

Von-Ketteler-Straße — *Elsen* — *JK 4, 5*

1945, 1962

Wilhelm Emanuel Freiherr von Ketteler, 1811-1877, Jurist und katholischer Theologe, 1848 Mitglied der Nationalversammlung in der Frankfurter Paulskirche, Bischof von Mainz 1850-1877, Mitglied des Reichstages 1871/72; Sozialreformer, trat für die Selbständigkeit der Kirche gegenüber dem Staat ein. 1936-1945: *Hindenburgstraße*, siehe Dr.-Rörig-Damm.

Elsen: Von-Ketteler-Straße nach Westen, 1960er Jahre

Von-Moltke-Straße *Kernstadt* *J 10*

1970

Helmut Graf von Moltke, 1800-1891, preußischer Generalfeldmarschall.

Siehe auch Hans-Humpert-Straße, Imadstraße und Rathenaustraße.

Von-Monteton-Straße *Schloß Neuhaus* *FG 8*

1976

Albrecht Baron Digeon von Monteton, 1887-1946, Generalleutnant, Kommandeur des in Neuhaus stationierten Kavallerie-Regiments 15 1938-1939.

1966-1976: Friedlandstraße, siehe auch Friedlandweg.

Von-Niesewand-Straße *Kernstadt* *J 10, 11*

1970

Joseph Hubert Friedrich Wilhelm von Niesewand, 1833-1916, Kavallerieoffizier in verschiedenen Regimentern, Kommandeur des 1. Westfälischen Husarenregimentes Nr. 8 in Paderborn 1875-1883. 1883 Ehrenbürger der Stadt Paderborn.

Von-Schlechtendal-Weg *Kernstadt* *K 10*

1969

Diedrich Friedrich Carl von Schlechtendahl, 1767-1842, Jurist, Kriminaldirektor und später Polizeipräsident in Berlin, Chefpräsident des Oberlandesgerichtes in Paderborn 1816-1841. 1838 Ehrenbürger der Stadt Paderborn.

Von-Spiegel-Straße *Schloß Neuhaus* *G 8*

1961

Heinrich III. von Spiegel zum Desenberg stammte aus dem Geschlecht der gleichnamigen Paderborner Ministerialenfamilie, gestorben 1380, Fürstbischof von Paderborn 1361-1380; baute um 1370 den ältesten Teil des Neuhäuser Schlosses, das „Haus Spiegel".

Von-Stauffenberg-Straße *Kernstadt* *J 10*

1970

Claus Graf Schenk von Stauffenberg, 1907-1944, Oberst im

Generalstab; unternahm am 20.7.1944 das Attentat auf Hitler, am selben Tag in Berlin hingerichtet.

Von-Stauffenberg-Straße *Elsen*
siehe Sander Straße

Von-Stauffenberg-Straße *Schloß Neuhaus*
siehe Paul-Gerhardt-Straße

Von-Vincke-Weg *Kernstadt* *MN 12, 13*
[1939/40]
Ludwig Freiherr von Vincke, 1774-1844, 1815 erster Oberpräsident der preußischen Provinz Westfalen. 1842 mit v. Vincke's Unterstützung Gründung einer privaten Blindenschule durch Pauline von Mallinckrodt. Ab 1847 Von-Vincke'sche Provinzial-Blinden-Anstalt. Siehe auch Mallinckrodtstraße.

Von-Weitz-Straße *Schloß Neuhaus* *J 7*
1976
Geheimrat von Weitz baute um 1730 im Auftrag des Fürstbischofs Clemens August (1719-1761) die Wasserkunstanlagen in den Barockgärten des Schlosses in Neuhaus
1973-1976: *An der Bleiche*, siehe auch Bleichstraße.

Von-Wied-Straße *Schloß Neuhaus* *HJ 6*
1972
Hermann II. von Wied, 1477-1552, Fürstbischof von Paderborn 1532-1546; baute 1534-1536 das „Haus Köln" im Südwestflügel des Schlosses in Neuhaus.

Vossberg *Dahl* *OP 19*
1976
Nach einem Flurnamen. Flurstück aus dem ehemaligen Besitz des Bauern Voss.
Bis 1976: *Am Brakenberg,* siehe Brakenberg.

Voßheide *Schloß Neuhaus* *FG 9*
1950
Nach der Bauernfamilie Voß, ehemalige Besitzer der umliegenden Ländereien.

Vossricke *Neuenbeken* *GH 18*
1996
Nach einem Flurnamen.

Vüllers Heide *Kernstadt*
siehe Füllers Heide

Vüllersweg *Kernstadt*
siehe Niels-Stensen-Straße

Wagenbreths Kamp *Schloß Neuhaus* *G 9*
1987
Nach der Familie Wagenbreth, ehemalige Besitzer des umliegenden Geländes.
Siehe auch Am Biekenkamp.

Wagenfeldstraße *Kernstadt*
siehe Dr.-Everken-Weg

Wagnerweg *Kernstadt* *J 11*
1991
Richard Wagner, 1813-1883, Komponist.

Waldecker Weg *Kernstadt*
1979 aufgehoben (Universitäts-Gelände).

Waldenburger Straße *Kernstadt* *N 9*
1958
Waldenburg: Kreisstadt in Niederschlesien, Hauptort des Waldenburger Berglands. Polnisch: *Walbrzych*.

Waldeyerweg *Kernstadt* *NO 13*
1978
Dr. Wilhelm von Waldeyer-Hartz, 1836-1921, Absolvent des Gymnasium Theodorianum, Professor der Anatomie. Verfasser verschiedener Werke der medizinischen Fachliteratur.

Waldmeisterweg *Schloß Neuhaus* *E 7*
1976
Waldmeister: aromatisches Kraut in schattigen Laubwäldern.
1972-1976: *Ginsterpfad*, siehe auch Ginsterweg.

Waldweg *Marienloh* *FG 12, 13*

1969

Dieser Bereich war ehemals Waldgebiet.

Warburger Straße *Kernstadt* *M-P 11-14 (d 4, 5)*

1897

Führt von Paderborn nach Warburg.

Warburg: Ehemalige Kreisstadt an der Diemel, Hauptort der fruchtbaren Warburger Börde, Kreis Höxter.

Die Warburger Straße liegt im Zuge der alten Holländischen Straße, die bereits im Mittelalter der Verbindung Würzburg-Kassel-Paderborn-Münster-Holland diente; Teilstück der Bundesstraße 68 und der Landstraße 813. Der feste Ausbau zur Chaussee wurde 1810, z. Z. des Königreichs Westphalen, beendet. 1979 wurde die Talbrücke über den Haxtergrund für den Verkehr freigegeben.

Wasserburg *Wewer* *Q 6*

1976

Nach der ehemaligen Wasserburg (heute Rentei) des Gutes Wewer.

Bis 1970: *Kirchstraße*, nach der anliegenden katholischen Pfarrkirche St. Johannes Baptist.

1970-1976: *Am Bahnhof*, nach dem ehemaligen Bahnhof Wewer, erbaut 1897, abgerissen 1968.

Wassergasse *Kernstadt*

siehe Am Haxthausenhof und Mühlenstraße

Waterfurt *Wewer* *P 6*

1970

Führt zur Furt durch die Alme.

Alme: siehe auch Almeaue.

Bis 1970: *Nordstraße*, nach der geographischen Lage zur Ortsmitte Wewer.

Weberberg *Kernstadt* *M 10 (c 2)*

1897

Im Mittelalter waren hier zahlreiche Weberfamilien ansässig.

Siehe auch Marienstraße, Weberstraße.

Weberstraße *Kernstadt*
siehe Marienstraße

Wehme *Wewer* *Q 5*
1988
Nach einem Flurnamen. Wehme: Zum Pfarrhof gehörendes Stück Land.
Hs. Nr. 14, 35 und 37 1970-1976: *Pappelweg*, Pappel: Baumgattung.
Hs. Nr. 14, 35 und 37 1976-1988: *Meerschlag*, siehe ebd.

Weidenweg *Kernstadt* *K 10*
1960
Weide: Baumgattung

Weidenweg *Elsen*
siehe Konrad-Ernst-Straße

Weidenweg *Wewer*
siehe Birnenweg

Weierstraßweg *Kernstadt* *L 9*
1976
Dr. h.c. Karl Weierstraß, 1815-1897, Absolvent des Gymnasium Theodorianum, Professor in Berlin, bedeutender Mathematiker.
1934-1976: *Sertürnerstraße*, siehe ebd.

Weikenweg *Wewer* *Q 5*
1979
Nach dem ehemaligen Weikenhof.

Weinberg *Kernstadt* *MN 13*
1971
Nach einem Flurnamen.

Weisgutstraße *Sande* *F 3*
1969, 1976
Josef Weisgut, 1897-1985, katholischer Pfarrer in Sande 1940-1960, Mitinitiator des Baus der katholischen Pfarrkirche St. Marien 1953.

Hs. Nr. 21-25 und 31-45 1969-1976: *Klausheider Straße*, siehe ebd.

Weißdornweg *Kernstadt* *M 14*

1991

Weißdorn, Hagedorn: Dorniges Strauchgewächs.

Weltsöden *Wewer* *TU 1-3*

1970, 1979

Wohnplatz an der Ostgrenze der Gemarkung Salzkotten, zwischen Salzkotten und Oberntudorf; auch Flurname. Wohl herzuleiten aus „Saut" = Brunnen und „Wel" bzw. „wäl" = quellen; Weltsöden = Quellbrunnen, Quellteich; mehrere Quellen in diesem Bereich heute noch vorhanden. Teilstück der Landstraße 752.

1970-1973: *Weltsöden.*

1973-1979: *Sälzerstraße,* alte Salzstraße von Salzkotten Richtung Osten.

Weme *Neuenbeken*

siehe Roncalliplatz

Weringhusener Straße *Neuenbeken* *GH 19*

1970

Weringhusen: Ehemalige mittelalterliche Siedlung im Gobezirk Beken, Wüstung im 15. Jh. Gobezirk = Gerichtsbezirk.

Werner-Rech-Straße *Schloß Neuhaus* *C 7*

1991

Werner Rech, 1920-1981, Rechtsanwalt und Notar, SPD-Kommunalpolitiker, Mitglied des Kreistages Paderborn 1964-1974, Mitglied des Rates der Gemeinde Schloß Neuhaus und stellvertretender Amtsbürgermeister 1970-1974.

Wester Chaussee *Kernstadt*

siehe Bahnhofstraße

Westerlandweg *Kernstadt* *H 10*

1969

Westerland: Nordseeheilbad auf der Insel Sylt.

Westernmauer *Kernstadt* *M 10 (b-d 2)*

[1871] 1897

Nach der mittelalterlichen Stadtmauer zwischen Westerntor und Neuhäuser Tor. Die Mauer wurde 1883-1887 abgetragen.

Bis 1871: *Hinter der Mauer*.

[1831]: *Lütgen Schildern*, enges Teilstück vor dem Neuhäuser Tor.

Westernstraße *Kernstadt* *M 10 (d 2, 3)*

1897

Führt von Westen in die Altstadt, bereits 1295 als platea occidentalis erwähnt. Teilstück des alten Hellweges.

Westfalenring *Kernstadt* *MN 12, 13*

1969

Westfalen: Niederdeutscher Volksstamm.

Teilstück des äußeren Ringes um die Innenstadt.

Westphalenweg *Schloß Neuhaus* *FG 9-1*

1938

Führt zu ehemals dem Grafen von Westphalen gehörenden Waldungen.

Westweg *Benhausen* *J 16*

1972

Nach der geographischen Lage zur Ortsmitte Benhausen.

Wewelsburger Weg *Kernstadt* *N 14*

1983

Wewelsburg: Ortschaft im südwestlichen Teil des Kreises Paderborn, Stadt Büren.

Wewersche Hude *Wewer* *PQ 5*

1971

Frühere Gemeindehude des Dorfes Wewer. Hude = Weidefläche.

Wewersche Straße *Kernstadt*

siehe Barkhauser Straße und Wollmarktstraße

Wewerscher Weg *Kernstadt*
siehe Wollmarktstraße

Wewerstraße *Elsen* *K-O 5, 6*
1962
Führt vom Stadtteil Elsen zum Stadtteil Wewer, Teilstück der Landstraße 756.
Bis 1934 u. 1945-1962: *Gunnestraße*, siehe ebd.
1934-1945: *Adolf-Hitler-Straße*, siehe Friedrichstraße.

Wiebach *Neuenbeken* *H 18*
1970
Nach einem Flurnamen.

Wichartstraße *Kernstadt* *M 12*
1951
Liborius Tiemann, alias Wichart, geboren ca. 1545 – 30.4.1604, Lohgerber; regierender Bürgermeister der Stadt Paderborn ab Januar 1604. Als Rebell gegen seinen Landesherrn Dietrich IV. (Theodor) von Fürstenberg am 30.4.1604 vor dem Westerntor hingerichtet.

Wichmannweg *Kernstadt* *L 10*
1995
Ignaz Wichmann, 1789-1867, Justizrat, Kommandeur des Paderborner-Bürger-Schützen-Vereins 1831 e. V. 1840-1850.

Wichtrudstraße *Kernstadt* *O 10*
1951
Wichtrud: Sächsische Edelfrau, gestorben um 1000, Mutter des hl. Meinolf. Siehe auch Meinolfstraße.

Widukindstraße *Kernstadt* *N 10*
1897
Widukind (Wittekind): Sachsenherzog, gestorben 807; Führer der Sachsen im Kampf gegen Karl den Großen.

Wiemlake *Elsen* *J 4*
1976
Nach einem Flurnamen.
1964-1976: *Sturmiusstraße*, siehe ebd.

Wienekenweg *Wewer* *Q 6*

1973

Nach dem ehemaligen Wienekenhof.

Wiesenpfad *Schloß Neuhaus* *GH 9*

1938

Nach den angrenzenden Wiesen.

Wiesenweg *Wewer* *Q 5*

1970

Führt durch ehemaliges Wiesengelände.

Wietheimer Straße *Neuenbeken* *GH 19*

1970

Wietheim: Ehemalige fränkische Siedlung im Gobezirk Beken, Wüstung im 15. Jh., Gobezirk = Gerichtsbezirk.

Wigbertstraße *Kernstadt* *N 10*

1920

Wigbert: Gestorben 747, Gründerabt des Klosters Fritzlar. Weggefährte des hl. Bonifatius.

Wilhelm-Kaufmann-Allee *Kernstadt* *K 10*

1964

Wilhelm Kaufmann, 1870-1946, Eisenwarenhändler. Kommandeur des Paderborner-Bürger-Schützen-Vereins 1831 e.V. 1910-1936.

Wilhelm-Rose-Weg *Kernstadt*

siehe Friedrich-von-Spee-Straße

Wilhelmshöhe *Schloß Neuhaus* *K 8*

1938

Volkstümliche Bezeichnung nach Wilhelm Menneken, dem Erbauer der dort gelegenen Gastwirtschaft.

Wilhelmshöhe *Kernstadt und Schloß Neuhaus*

siehe Neuhäuser Straße und Münsterstraße

Wilhelmstraße *Kernstadt*

siehe Le-Mans-Wall

Willebadessener Weg *Kernstadt* *N 14*

1983

Willebadessen: Stadt im südwestlichen Teil des Kreises Höxter.

Willi-Lucas-Weg *Kernstadt* *L 12*

1965

Willi Lucas, 1884-1918, Absolvent des Gymnasium Theodorianum. Bekannter Paderborner Maler des Impressionismus.

Wilseder Weg *Kernstadt* *H-J 10*

1977

Wilsede: Ortschaft im Naturschutzgebiet Lüneburger Heide (Wilseder Berg). Benennung erfolgte unter Bezug auf den ehemaligen Lönsweg (siehe An den Fischteichen) in der irrtümlichen Annahme, daß sich in Wilsede eine Hermann-Löns-Gedenkstätte befinde (tatsächlich in Tietlingen bei Fallingbostel-Walsrode).

1968-16.12.1976: *Drosselweg*, siehe ebd.

16.12.1976-22.3.1977: *Zeisigweg,* Zeisig: Gelbgrüner Finkenvogel, in der Region ansässig.

Windthorststraße *Kernstadt* *MN 11*

[um 1930] bestätigt 1956

Ludwig Windthorst, 1812-1891, hannoverscher Justizminister, Mitbegründer (1870) und Vorsitzender der Deutschen Zentrumspartei. Mitglied des Deutschen Reichstages und des preußischen Abgeordnetenhauses seit 1867.

Der ursprünglich geplante Ausbau bis zur Husener Straße wurde nicht ausgeführt.

Winfriedstraße *Kernstadt* *N 10, 11*

1897

Winfried (Wynfrieth, Bonifatius), 675-754, Heiliger, Apostel der Deutschen.

Siehe auch Bonifatiusweg.

[1892]: Teilstück zwischen Husener Straße und Kilianstraße: *Südwall.*

1938-1945: *Hermann-Göring-Straße*, Hermann Göring, 1893-1946, nationalsozialistischer Politiker, Inhaber zahlreicher Ämter, u. a. Reichstagspräsident, preußischer Ministerpräsident, Reichsluftfahrtminister; 1940 Reichsmarschall und Leiter der Kriegswirtschaft, mitverantwortlich für die nationalsozialistische Gewaltherrschaft; im Nürnberger Kriegsverbrecherprozeß 1946 zum Tode verurteilt, beging Selbstmord.

Winkelsgarten *Wewer* *R 5*
1970
Nach einem Flurnamen.

Winterbergring *Wewer* *P 5*
1982
Nach einem Flurnamen.
Siehe auch Zum Winterberg.

Winterschulstraße *Kernstadt*
siehe Fürstenweg

Wittlerstraße *Schloß Neuhaus* *J 6*
1976
Joseph Wittler, 1893-1972, Geistlicher Rat, Pfarrer an der katholischen Pfarrkirche St. Heinrich und Kunigunde in Schloß Neuhaus 1941-1967, Förderer des ehemaligen St. Andreas-Krankenhauses in Neuhaus.
1972-1976: *Clemens-August-Straße*, siehe ebd.

Wolff-Metternich-Straße *Kernstadt* *LM 9*
1976
Hermann Werner von Wolff-Metternich zur Gracht, 1625-1704, Fürstbischof von Paderborn 1683-1704.
Siehe auch Michaelstraße.
[1920]-[1937/38]: Planung *Personstraße*, siehe ebd.
1967-1976: *Karl-Arnold-Allee*.
Siehe auch Karl-Arnold-Straße.

Wollmarktstraße *Kernstadt* *N 8-10*
1936
Nach der 1936 errichteten Versteigerungshalle der Deut-

schen Wollverwertung GmbH; Paderborn war Sitz der Reichswollverwertung.
1897-1936: *Glashüttenstraße*, nach der 1886 von Werner Seidensticker gegründeten Glasfabrik, später Glashüttenwerk Hillebrand; 1930 infolge wirtschaftlicher Schwierigkeiten geschlossen.
Teilstück ab Knick am Eisenbahngelände nach Süden bis zum Frankfurter Weg [1893]-1967: *Wewerscher Weg*, Bezeichnung nach dem Urkataster 1830.
1967-1976: *Wewersche Straße*.

Wünnenberger Weg *Kernstadt* *N 14*
1983
Wünnenberg: Stadt im südlichen Teil des Kreises Paderborn.

Württemberger Weg *Kernstadt* *HJ 11*
1964
Württemberg: Östlicher Teil des Landes Baden-Württemberg.

Zeisigweg *Kernstadt*
siehe Wilseder Weg

Zietenstraße *Kernstadt*
siehe Giefersstraße

Ziethenweg *Schloß Neuhaus* *FG 8-10*
1938
Hans Joachim von Ziethen (Zieten), 1699-1786, Reitergeneral Friedrichs II. von Preußen.

Zum Barbrok *Sande* *F 1, 2*
1976
Nach einem Flurnamen. Brok = Bruch.
1969-1976: *Am Friedhof*, nach dem anliegenden Friedhof.

Zum Deich *Dahl* *P 19*
1976
Nach einem Flurnamen. Deich am Ellerufer.

Zum Kampe *Marienloh* *E 13*

1969

Nach einem Flurnamen.

Siehe auch Am Biekenkamp.

Zum Kanaldamm *Sande* *EF 2,3*

1997

Nach dem in der Nähe liegenden Damm des 1850-1853 erbauten Boker Kanals (Boker-Heide-Kanal).

Zum Rottberg *Elsen* *KL 2-4*

1962

Nach einer Geländeerhebung im westlichen Teil der Gemarkung Elsen und einem Flurnamen, auch erwähnt in der Sage vom Rüberg und Rottberg.

Zum Schulkamp *Sande* *F 3*

1999

Schulkamp: Früheres Gartengelände im Eigenrtum der Gemeinde zur Nutzung für die Schule.

Siehe auch Am Biekenkamp.

Zum Winterberg *Wewer* *P 5, 6*

1976

Nach einem Flurnamen.

Siehe auch Winterbergring

1970-1976: *Antoniusweg,* siehe Antoniusstraße.

Zur Brautwiese *Sande* *F 3*

1994

Nach einem alten Brauch aus dem Jahre 1737, wonach jeder junge Ehemann einen Baum pflanzen sollte. Wiederbelebung des Brauches 1994.

Zur Eichenallee *Wewer* *R 5*

1970

Eiche: Baumgattung. Die Allee ist ein Teilstück des Weges zur Wüstung Imbsenburg.

Zur Gartenschau *Sande und Schloß Neuhaus* *H 6*

1993

Nach der Landesgartenschau Nordrhein-Westfalen 1994 in Paderborn-Schloß Neuhaus.

Zur Kettenschmiede *Elsen* *J 4*

1962

Nach der 1842 von Bernhard Sinne gegründeten Kettenschmiede; Geschäftsverbindungen bestanden nach Delbrück-Münster und bis in den Raum Magdeburg-Celle. Durch zunehmende Industrialisierung kam der für Elsen bedeutende Erwerbszweig zur Erliegen, 1926/27 Schließung des Betriebes.

Siehe auch Eiser Weg.

Zur Schmiede *Kernstadt* *NO 10*

1935

Volksmundliche Benennung; aus der Abtsbrede führt die Straße zum ehemaligen Eisenbahn-Ausbesserungswerk Paderborn Hauptbahnhof (heute Benteler Werke A.G.), von den Eisenbahnern „Schmiede" genannt.

1959: Verlängerung ab Sighardstraße nach Süden bis Ilseweg.

Zur Warthe *Wewer* *P 5*

1970

Nach dem an der Salzkottener Straße (früher Hellweg) gelegenen Gut Warthe, das seinen Namen von einem früher hier stehenden Wartturm der mittelalterlichen Paderborner Landwehr behalten hat.

Siehe auch Salzkottener Straße.

Bis 1970: *Grüner Weg*, siehe ebd.

Zwetschenweg *Wewer* *P 4*

1976

Zwetsche (Pflaume): Arten- und sortenreiches Kernobst. Traditionell in Wewer angebaut.

1970-1976: *Mittelweg*, alte Bezeichnung.

Register der zusammengesetzten Straßennamen

Drift, In der
Dript-Weg, Von-
Droste-Straße, Annette-von-
Düstern, Im
Dunant-Straße, Henry-
Dustern, Am

Ebert-Straße, Friedrich-
Egon-Straße, Franz-
Eichenallee, Zur
Eichenbusch, Am
Eichendorff-Straße, Von-
Eichen, Untern
Ellenbogen, Krummer
Erhard-Straße, Ludwig-
Ernst-Straße, Konrad-
Everken-Weg, Dr.-
Ewald-Straße, Pater-

Felde, Im
Fichten, An den
Fischer-Weg, Maria-
Fischteichen, An den
Flören-Winkel, Elisabeth-
Fohling, Am
Frankfurter Weg, Oberer
Frankfurter Weg, Unterer
Franziskanern, Hinter den
Franzosenbach, Am
Freien Stuhle, Auf dem
Freistuhl, Am
Fresenbrock, Vom
Frieden, Im
Friedhof, Am
Fürstengärten, In den

Galen-Straße, Von-
Gerhardt-Straße, Paul-
Gerlach-Straße, Hugo-
Gesselner Feld, Im
Geste, Auf dem
Göring-Straße, Hermann-
Goldgrund, Im
Gottebach, Am
Grasso-Straße, Dr.-
Grimke, An der
Großen Winkel, Im
Groß-Straße, Nikolaus-
Grube, Krumme
Grund, Krumme
Gunnebach, Am

Hahn-Straße, Otto-
Haide, Auf der
Hartmann-Straße, Anton-
Hartmann-Weg, Von-
Hatzfeld-Weg, Johannes-
Haxthausenhof, Am
Haxthausen-Weg, Von-
Heilandsfrieden, Am
Heide, Auf der
Heide, Kleine
Heiligenberg, Am
Heimekesberg, Am
Heinen-Straße, Anton-
Heinrich-Straße, Herzog-
Heinrich-Straße, Kaiser-
Hellweg, Am
Hellweg, Alter
Hellweg, Hildesheimscher
Hellweg, Hornscher
Henkelberge, Am
Hensel-Straße, Luise-
Herbramer Weg, Alter
Hesse-Straße, Hermann-
Heuss-Straße, Theodor-
Hillebrands Graben, An
Hille-Weg, Peter-
Hilligenbusch, Am
Hitler-Platz, Adolf-

Hitler-Straße, Adolf-
Hitler-Wall, Adolf-
Hitze-Straße, Franz-
Höfen, Hinter den
Hölzchen, Am
Homann-Wall, Fritz-
Hoppenhof, Am
Humpert-Straße, Hans-
Hunstig-Straße, Bernhard-

Ikenberg, Am

Jaeger-Straße, Kardinal-
Jesuiten, Hinter den

Kahmen-Straße, Franz-
Kalberdanz, Am
Kamp, Auf dem
Kampe, Zum
Kamp, Hohe
Kamp, Nasser
Kanal, Am
Kanaldamm, Zum
Kapelle, An der
Kaserne, Hinter der
Kapuzinern, An den
Kapuzinern, Hinter den
Kaufmann-Allee, Wilhelm-
Keller-Weg, Gottfried-
Ketteler-Straße, Von-
Kettenschmiede, Zur
Kindergarten, Am
Kirchenfelde, Im
Kirchhoff-Straße, Hermann-
Kleehof, Am
Klee, Im
Klostergarten, Am
Knick, Im
Koch-Straße, Christine-
Koch-Straße, Robert-
Kocks-Straße, Franz-
Kolkpader, An der
Köppen, Hintere
Köthenbürger-Straße, Bernhard-
Kollwitz-Straße, Käthe-
Kolping-Straße, Adolf-
Korthaus-Straße, Karl-
Krebsbach, Am
Kruggelhof, Am
Küchengärten, An den
Kuhdrift, Die

Langenbergteich, Am
Langen Hahn, Am
Laugrund, Am
Leber-Straße, Julius-
Lichtenfelde, Im
Lieth, Auf der
Linde, An der
Lippe, An der
Lippesee, Am
Lipphorn, Im
List-Straße, Friedrich-
Löbe-Straße, Paul-
Löns-Straße, Hermann-
Löns-Weg, Hermann-
Lohfeld, Im
Lothewiesen, An den
Lucas-Weg, Georg-
Lucas-Weg, Willi-
Lübke-Straße, Heinrich-
Lücking-Straße, Heinrich-

Manegold-Straße, Bernhard-
Mann-Straße, Thomas-
Marshall-Ring, George-
Martin-Platz, Konrad-
Martin-Straße, Konrad-
Mauer, Hinter der
Meerfeld, Im

Meere, Auf dem
Mentrop-Straße, Heinrich-
Mertens-Weg, Dr.-
Metternich-Straße, Wolff-
Michels-Weg, Paul-
Mönchen, Hinter den
Moltke-Straße, Von-
Monteton-Straße, Von-
Mühlen, Bei den
Mühlenteich, Am

Nathan-Straße, Fanny-
Natte, Auf der
Niesenteich, Am
Niesewand-Straße, Von-
Nixdorf-Ring, Heinz-
Nonnenbrede, Auf der
Norkus-Straße, Herbert-
Norkus-Weg, Herbert-

Ostfriedhof, Am

Penzlinger Straße, Kleine
Pfannkuchenschmiede, An der
Pfühlen, Auf den
Planck-Straße, Max-
Pöhler-Weg, Therese-
Potthast-Weg, August-

Quinhagen, Im

Rathaus, Hinter dem
Rech-Straße, Werner-
Reck-Straße, Von-der-
Reger-Weg, Max-
Reihe, Neue
Reuter-Straße, Ernst-
Richterbusch, Am
Ringgraben, Am
Rippinger Weg, Am
Rörig-Damm, Dr.-
Roland, Am
Rolandsbad, Am
Rommel-Straße, Erwin-
Rosenthal-Weg, Emilie-
Rothebach, Am
Rothe, An der
Rothoborn, Am
Rottberg, Zum

SA, Straße der
Sack, Im
Sammtfelde, Im
Sandberg, Am
Sandfelde, Auf dem
Sandhage-Weg, Hans-
Schanze, Alte
Scharn, In der
Schlachthof, Am
Schemm-Straße, Hans-
Schildern, In dem
Schildern, Lütgen
Schlechtendahl-Weg, Von-
Schlengerbusch, Am
Schlinge, Im
Schlinghause, Beim
Schloßgarten, Am
Schlüter-Weg, Arnold-
Schmiede, Zur
Schnitz-Straße, Josef-
Schönen Aussicht, An der
Scholl-Straße, Geschwister-
Schoppe-Weg, Karl-
Schröder-Straße, Josef-
Schulbrede, Auf der
Schultze-Straße, Gustav-
Schumacher-Straße, Kurt-
Schumann-Weg, Robert-
Schurz-Straße, Karl-
Schweitzer-Straße, Albert-

Schwiete-Ring, Herbert-
Severing-Straße, Karl-
Siechenfeld, Im
Silberbrink, Am
Sinne-Straße, Bernhard-
Sonnenschein-Straße, Karl-
Spee-Straße, Friedrich-von-
Spiegel-Straße, Von-
Spieringsfelde, Im
Sportplatz, Am
Springbeke, An der
Stadelhof, Am
Stadler-Straße, Otto-
Stadtberg, Am
Stadtweg, Beker
Stauffenberg-Straße, Von-
Steinern, Im
Steinhof, Am
Stein-Straße, Vom-
Stensen-Straße, Niels-
Stock-Platz, Franz-
Storm-Weg, Theodor-
Sudahl, Im
Sühle, Auf der
Synagoge, An der alten

Talle, An der
Temme-Weg, Josef-
Thunhof, Am
Tigg, Im
Tölle-Straße, Christoph-
Töterlöh, Auf der
Tore, Am
Torfstich, Im
Torgasse, Alte
Trift, Die
Trift, Lange
Turnplatz, Am
Twietken, Im
Vincke-Weg, Von-
Vockel-Straße, Dr.-
Vogelsang, Am
Vogtland, Im

Waage, Alte
Wagenfeld-Straße, Karl-
Waldlust, An der
Waldplatz, Am
Warmen Pader, An der
Warthe, Zur
Wasser, Am
Wasser, Über dem
Wasserkunst, An der
Weber-Straße, Friedrich-Wilhelm-
Wecker-Straße, Johannes-
Weg, Langer
Weitz-Straße, Von-
Wels-Straße, Otto-
Wenne, Lange
Wenne, Nasse
Wessel-Straße, Horst-
Wessel-Wall, Horst-
Westerntor, Am
Wibbelt-Straße, Augustin-
Wied-Straße, Von-
Wilhelmsberg, Am
Willnteich, Am
Winkel, Im
Winkel, Stiller
Winterberg, Zum
Winter-Straße, Andreas-
Wippermann-Straße, Kanzler-
Wirmer-Weg, Josef-
Witte-Straße, Bernhard-
Wurm-Straße, Dr.-

Zäunen, Hinter den
Ziegenberg, Am
Zollhaus, Am